민촌 · 과도기

이기영 / 이태준 / 한설야

해방 전후 / 달밤 / 패강랭 / 까마귀 / 복덕방 / / 강아지

SR&B(새로본닷컴)

변상벽의 〈개〉

〈베스트 논술 한국대표문학(전60권)〉을 펴내며

어린 시절의 독서는 평생의 이성과 열정을 보장해 줄 에너지의 탱크를 채우는 일입니다. 인생의 지표를 세울 수 있는 가장 믿을 만한 방법이기도 합니다.

새로 접하는 사물의 이치를 터득하려면 그 정보를 대뇌 속에 담는 프로그램이 마련되어 있어야 합니다. 그 프로그램을 구축하는 가장 효과적인 방법이 지속적인 독서입니다. 독서는 책과 나의 쌍방향적인 대화이며 만남이며 스킨십입니다.

그러나 단순한 독서만으로는 생각하는 힘과 정확히 표현하는 힘을 키울 수 없습니다. 〈베스트 논술 한국대표문학〉은 이에 유의하여 다음과 같이 편찬하였습니다.

① 초·중·고 교과서에 실린 고전 및 현대 문학 작품부터 〈삼국유사〉, 〈난중일기〉, 〈목민심서〉 등 우리의 정신을 일깨워 주고 우리에게 지혜와 용기를 준 '위대한 한국 고전'에 이르기까지 한 권 한 권을 가려 뽑았습니다.
② 각 권의 내용과 특성을 분석하여, '작가와 작품 스터디', '논술 가이드' 등을 덧붙여 생각하는 힘, 표현하는 힘을 키울 수 있도록 각 분야의 권위 학자, 논술 전문가들이 심혈을 기울였습니다.
③ 특히 현대 문학 부문은 최근 학계에서, 이 때까지의 오류를 바로잡아 정확한 텍스트를 확정한 것을 반영하였고, 고전 부문은 쉽고 아름다운 현대 국어로 재현하였습니다.
④ 각 작품에 관련된 작가의 고향을 비롯한 작품의 배경, 작품의 참고 자료 등을 일일이 답사 촬영하거나 수집·정리하여 화보로 꾸몄고, 각 작품의 갈피 갈피마다 아름다운 그림을 넣어, 작품에 좀더 친근감 있게 접근할 수 있도록 하였습니다.

이 〈베스트 논술 한국대표문학〉이 여러분이 '큰 사람', '슬기로운 사람'이 되는 데 충실한 밑거름이 되기를 바랍니다.

〈베스트 논술 한국대표문학〉 편찬위원회

이기영

이기영이 등단한 〈개벽〉의 표지

〈민촌〉의 표지

산책하는 이태준을 그린 삽화

방명록에 기록한 이태준의 필적

1937년경의 이태준

이태준 문학비

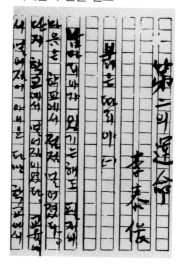

尚虛李泰俊文學碑

이태준 흉상

상허 이태준

이태준의 친필 원고

이태준

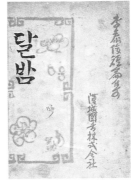

이태준의 〈달밤〉 표지

이태준의 〈복덕방〉 표지

이태준의 가족

한설야의 〈대동강〉 표지

한설야의 〈황혼〉 표지

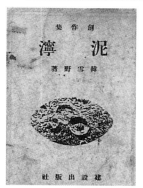

한설야의 〈이녕〉 표지

한설야의 〈탑〉 표지

한설야 묘비

이태준의 생가

차례

이기영

민촌

민촌

1

태조봉 골짜기에서 나오는 물은 '향교말'을 안고 돌다가 동구앞 버들숲 사이를 뚫고 흐르는데 동막골로 넘어가는 실뱀 같은 길이 개울 건너 논둑 밭둑 사이로 요리조리 꼬불거리며 산잔등으로 기어올라갔다. 그 길가 냇둑 옆에 늙은 향나무 한 주가 마치 등 굽은 노인이 지팡이를 짚고 있는 형상을 하고 섰는데 그 언덕 옆으로는 돌담으로 쌓은 옹달샘이 있고 거기에는 언제든지 맑은 물이 남실남실 두덩을 넘어 흐른다.

그런데 그 앞개울은 가뭄에 바짝 말라붙었던 개천에 이 샘물이 겨우 '메기' 침같이 흐르던 것이 이마적* 장마통에 그만 물이 버쩍 늘었다.

양청 물같이 푸른 하늘에는 당태솜 같은 흰 구름이 둥둥 떠도는데 녹음이 우거진 버들숲 사이로는 서늘한 매미 소리가 흘러 나온다. 이 쪽 숲 앞으로 툭 터진 들 안에는 장잎이 갈라진 벼포기가 일면으로 퍼렇고 멀리 보이는 설화산이 가물가물 남쪽 하늘가에 닿았다. 푹푹 찌는 중복허리*

* 이마적 지나간 얼마 동안의 가까운 때.
* 중복(中伏)허리 중복 무렵의 가장 더운 때.

에 불볕이 쨍쨍 나는 저녁때이다.

　조 첨지 며느리, 점백이 마누라, 성삼이 처, 또는 점순이 이쁜이는 지금 샘가에 늘어앉아서 한편에서는 보리쌀을 씻고 또 한편에서는 푸성귀를 헹구는데 수다하기로 유명한 성삼이 처는 이런 때에도 입을 다물 수 없는 모양이다. 그는 웃을 때마다 두 뺨에다 샘을 파고 말할 때에는 고개를 빼뚜름하면서 쌍꺼풀진 눈을 할금할금하는 것이 버릇이었다. 어떻든지 ── 해반주그레한 얼굴이 눈웃음 잘 치고 퍽 산들거리는 ── 이 동리에서는 제일 하이칼라상이란다. 그래 주전부리(?)도 곧잘 한다는 소문이 나기는 벌써 오래 전부터이다마는 시아비와 서방은 도무지 그런 줄을 모른다고 멍텅구리 한 쌍이라고 흉이 자자하단다. 지금 성삼이 처는 전과 같은 표정으로 점백이 마누라를 할끗 쳐다보며,

　"아주머니!"

하고 열쌔게* 불렀다. 그의 날카롭고 윤나는 목소리로…….

　'또 무슨 소리가 나올라누?'

　일상 뚱하니 남의 말만 듣고 있는 조 첨지 며느리는 은근히 가슴 속으로 생각하였다. 하긴 그는 아직 파겁을 못한 숫각시로서 이런 자리에서 그들과 같이 말참례하기는 어려웠다.

　안동포 적삼 소매를 활짝 걷어붙인 뿌연 살이 포동포동 찐 팔뚝으로 보리쌀을 이리저리 헤쳐서 푹 눌렀다. 썩싹 푹 눌렀다 썩싹 하고 한참 장단을 맞춰서 재미있게 씻던 성삼이 처는 바가지로 물을 퐁퐁 퍼붓고는 한 번 휘둘러서 보리쌀을 헹구더니만 그 옆에 놓인 옹배기에다 뽀얗게 우러난 뜨물을 쪽 따라 놓는다. 하더니만 무슨 의미인지 점백이 마누라를 할끗 쳐다보고 한 번 씽끗 웃는다.

　"아주머니! 박 주사 아들은 또 첩을 얻었다지요?"

* 열쌔다　행동이나 눈치가 매우 재빠르고 날쌔다.

"그렇다네. 돈 많은 이들이니까 우리네 '소'를 개비하듯* 얼마든지 할 수 있겠지."

점백이 마누라는 그리 대수롭지 않은 듯이 볼먹은 소리로 이렇게 대답한다. 그의 목소리는 원래 예사로 하는 말도 퉁명스럽게 들리었다.

"그런데 그전 첩은 가기 싫다는 걸 억지로 쫓았대요! 동전 한 푼 안 주고……. 그래 울며불며 나갔다던가."

"그럼 웨 아니 그렇겠나. 아무리 첩이라 하기로니 같이 살겠다고 데려다 놓고 불과 일 년에 맨손으로 나가라니!"

"그야 그렇지요만 나 같으면 그대로 쫓겨나지는 않겠어요!"

하고 성삼이 처는 별안간 두 눈초리가 샐쭉해진다.

"그럼 어찌하나? 첫째는 당자가 싫다 하고 윈 집안사람이 돌려내는 바에야. 그 눈칫밥을 먹고 어떻게 살겠나? 그러기에 예전 말에도 예편네는 뒤웅박팔자라고 했다네. 더군다나 민적(호적)도 없는 남의 첩 된 신세가 아닌가?"

"그런면 그까짓 놈 고장(한쪽 손바닥)을 들어서 메붙이고 한바탕 분풀이도 실컷 좀 못할까?"

이 말이 채 떨어지기도 전에 눈앞을 흘긋 쳐다보던 점백이 마누라는 별안간,

"쉬."

하고 성삼이 처의 옆구리를 꾹 찔렀다. 이 바람에 성삼이 처는 깜짝 놀라서 고개를 홱 돌이켰다. 과연 거기에는 지금 말하던 박 주사 아들이 보였다. 그래 그는 시치미를 뚝 따고 정신없이 보리쌀을 헹구는 체하였다.

모시 두루마기에 맥고모를 쓴 박 주사 아들은 살이 너무 쪄서 아랫볼

---

* 개비(改備)하다 있던 것을 갈아내고 다시 장만하다.

이 터덜터덜하는 얼굴을 들고 점잖은 걸음새로 조를 빼며 걸어온다. 그는 어느 틈에 나왔는지 모르는 개천가 논둑에서 뒷짐지고 섰는 조 첨지를 보고는,

"영감 근력 좋은가?"

하고 거침없이 하소를 내붙인다. 그런데 조 첨지는 그게 누구인지 의아한 모양으로 한참 동안을 자세히 쳐다보더니 그제서야 비로소 알아차린 모양으로 아주 반색을 하면서

"아! 나으리십니까. 웬수의 눈이 어두어서……. 해마다 달습니다그려. 어서 죽어야 할 터인데……. 아! 그런데 어디를 가십니까?"

하고 그는 박 주사 아들이 오는 편으로 꼬부랑꼬부랑 따라 나온다.

"응! 이 아래 들에 좀……."

그는 이런 대답을 거만하게 던지고 샘둑에 둘러앉은 여자들을 자존심이 가득한 눈매로 한 번을 쓱 둘러보더니만 다시 무슨 생각이 들었는지 저만치 가다가

"그래도 좀더 살어야지!"

하는 말을 고개를 홱 돌이키며 하였다. 이 바람에 그는 다시 한 번 샘둑을 보았다.

"더 살면 무엇합니까? 살수록 고생이지요, 아하!"

조 첨지는 한숨 섞인 말을 하며 동구 안으로 들어가는 그의 뒷모양을 우두커니 서서 보더니 다시 돌아서서 멀리 설화산 쪽을 바라본다. 그는 부지중 후 하는 한숨을 내쉬고 가까스로 등을 좀 펴 보았다.

"새파란 젊은 놈이 제 할아비뻘이 되는 노인보고 하소를 깍듯이 한담!"

하고 성삼이 처는 또 입을 삐쭉하는데,

"할아비뻘은커녕 증조할아비뻘도 넉넉하겠네!"

하고 지금 막 바가지로 물을 퍼붓던 점백이 마누라는 또 이렇게 맞장구

를 쳤다. 그는 다시 조 첨지 며느리를 쳐다보며,

"참, 자네 시아버지 연세가 올에 몇에나 섰나?"

"여든……, 일곱이시래요!"

하는 말에 그들은 모두 입을 딱 벌리었다.

"같은 양반이라도 이 아랫말 서울댁 양반은 그렇지 않더구만."

"응, 그 양반은 원체 얌전하니까 무얼! 저희가 우리보고 하소해 주기로니 근본이 안 떨어지기나 우리가 저희보고 하오를 않기로니 근본이 안 올러스기는 피차 일반이지. 지금 세상은 저만 잘나면 예전같이 판에 박은 상놈 노릇은 않는가 보데. 저만 잘나고 돈만 있으면 아조 고만인 세상인데 무얼!"

"아이구! 아주머니는 아들을 잘 두섰으니까 그러시지. 학교 공부에도 번번이 일등 간다지요?"

"글쎄!…… 장래가 어떠할는지. 우리 늙은 내외는 그저 저 하나만 바라고 사네마는 그나마 뒤대기가 여간 어려워야지. 참, 자네도 어서 아들을 나야 할 테인데 도모지 웬 심인가? 소식이 감감하니!…… 좀! 단골한테나 물어 보지?"

"그러지 않아도 물어 보았대요!"

"그래 뭐라고?"

점백이 마누라는 별안간 목소리를 죽이며 은근히 쳐다본다.

"살풀이를 해야 한대요!"

'살은 무슨 살? 서방질을 작작 하지!'

점백이 마누라는 속으로 이런 말을 생각하면서도 겉으로는,

"그럼 그 살을 풀어야지! 무슨 터줏살이라던가?"

하고 다시 의심스러운 듯이 물어 보았다.

"아니 궁합이 안 맞는대요!"

'핑곗김에 잘됐군!'

그는 또 속으로 이런 생각을 하면서 그런 체하고 고개를 끄덱끄덱하였다. 그는 이야기에 팔려서 볼일을 못 본 것이 생각난 것처럼 소두방(솥뚜껑) 같은 손으로 보리쌀을 씻기 시작하였다. 큼직한 얼굴에는 얽은 구멍이 벌집같이 숭숭 뚫렸다.

지금까지 기척 없이 열무를 씻고 있던 점순이는 별안간 고개를 반짝 쳐들며

"그런 젊디젊은 이가 노인을 보고 어떻게 허소가 나온대요?"

하고 이상스러운 표정으로 점백이 마누라를 쳐다본다. 그는 마치 여태까지 그 생각을 하느라고 잠자코 있던 것처럼.

"양반이라 그렇단다!"

하고 점백이 마누라는 대답하였다. 이 말에 무슨 생각이 들었던지 성삼이 처는 또 이야기를 끄집어 내놓는다.

"아주머니! 나는 참 저승에 가서라도 양반 될까 봐 겁이 나요! 잔뜩 갇혀 앉아서 그게 무슨 자미로 산대요? 해! 해!……."

"그래도 지금 그까짓 것은 아주 약과라네. 예전에는 참말로 지독하였느니. 어디가 남편의 얼굴을 바로 쳐다볼 뻔이나 하며 시부모 앞에 철퍽 앉어 보기를 할까. 꼭 양수거지를 하고 섰지. 어떻던지 양반이란 것은 마치 옷 치수금을 말르듯이 한 치 반 푼을 다토고 매사에 점잔하기로만 위주하였느니!"

한참 말끄러미 쳐다보던 성삼이 처는 별안간,

"그런 이들이 내외 잠자리는 어찌했을까?"

하고 고만 웃음을 내뿜는 바람에 조 첨지 며느리는,

"아이 형님도……."

하고 손등으로 입을 가리며 웃는다.

"그렇던 양반이 지금은 차차 상놈을 닮어 간다네!"

하고 점백이 마누라도 빙그레 웃었다. 이쁜이는 고만 고개를 푹 숙였

다.

"아마 그들도 자네 말마따나 양반을 '결박'으로 알았던지 지금은 아주 상놈 행세를 하며 그저 말버릇만 '양반'이 남은 모양인데. 다른 것은 모두 상놈을 닮어 가며 상놈보고 하대하는 것만 그대로 가지고 있느니. 하기는 그것마저 없어지면 아주 상놈과 마찬가지가 될 터이니까. 이 양반 꺼풀만 가지고 있는지도 모르지만, 참말로 예전 양반은 양반다운 행세가 있었다네!"

"박 주사 양반 같은 것은 양반탕반 개 팔어 두 냥 반만도 못한 것이 무슨 양반이라구?"

"예전 양반은 돈을 알면 못 쓴댔는데 지금 양반은 돈을 잘 알어야만 되나부데. 그이도 돈으로 양반이지, 만일 돈이 없어 보게. 누가 그리 대단히 알겠나. 그러니까 그에게 돈이 떨어지는 날에는 양반도 떨어지는 날이란 말일세. 그러니까 돈을 제 할아비 신주보다 더 위할밖에. 우리네 가난한 사람의 통깝대기를 벗겨서라도 돈을 더 모으자는 것은 좀더 양반 노릇을 힘있게 하자는 수작이지."

"참, 돈이 그른지 사람이 그른지 지금 세상은 모두 돈만 아는 세상인가 봐요. 의리도 없고 인정도 없고……."

"사람이 글러서 돈이 생겼다네. 돈 없는 짐승들은 제각기 벌어먹고 잘들 살지 않나!"

"참 그래요. 예전 이야기에도 짐승들이 돈을 맨들어 썼단 말은 못 들었구면!"

"그렇지만 힘센 놈이 약한 놈을 잡아먹지 않어요! 짐승들은?"
하고 별안간 점순이는 의심스러운 듯이 물었다. 그는 자기도 모르는 이런 말이 쑥 나왔다.

"잡아먹힐 놈은 먹히더래도. 무얼 사람들도 그런 셈이지. 애! 나는 제 멋대로만 살 수 있다면 단 하루를 살다 죽더래도 좋겠다!"

"봄 하늘에 훨훨 나는 종달새같이요?"

"그래, 참 네가 잘 말했다."

하고 점백이 마누라는 슬쩍 웃는다. 그게 제법 이런 소리를 하게 된 것은 실상은 자기 아들에게서 들은 말이다. 서울 양반댁이란 이는 역시 양반으로 서울 가서 중학교를 다니다가 온 청년인데 이 동리 사람들은 그를 이렇게 부르는 터였다. 그가 집에 있을 때면 점백이 아들은 늘 그를 찾아가서 놀았으므로 그에게 이런 말을 듣고 와서는 저의 부모에게 옮긴 것이었다. 그런 소리를 들을 때에는 언제든지 신기한 것처럼 영감은 고개를 끄떽끄떽하며

"하긴 그도 그리여……."

하고 무엇을 생각하는 것같이 하고 있었다.

　그들은 이런 이야기를 하다가 하나씩 둘씩 제 집으로 흩어져 갔다. 성삼이 처는 보리쌀 든 자배기*에다 물을 하나 가뜩 이고 한 손에는 뜨물 옹배기를 들고서는 자배기 전으로 물이 넘어 흘러서 입으로 대드는 것을 푸푸 내뿜으며 걸어간다. 이 집 저 집에서는 저녁 연기가 꾸역꾸역 떠오른다.

2

　향교말이란 동리는 자래(자고 이래)로 상놈만 사는 민촌으로 유명한 곳이었다. 과연 사오십 호나 되는 동리에 양반이라고는 약에 쓰려고 구해도 없는 상놈 천지였다. 어쩌다 못생긴 양반이 이 동리로 이사를 왔다가는 그들에게 돌려서 얼마를 못 살고 떠나고 하였다.

　그러나 그전에는 양반의 덕으로(?) 향교 하나를 중심하여 향교 논도

---

* **자배기** 둥글넓적하고 아가리가 넓게 벌어진 질그릇.

부쳐먹고 향교 소임 노릇도 해서 먹고살기는 그렇게 걱정이 없더니 시체* 양반은 잇속이 어찌 밝은지 종의 턱찌끼까지 핥아먹는 더러운 양반이 생긴 뒤로는 그나마 죄다 떨어지고 지금은 향교 고지기가 겨우 논 여남은 마지기를 얻어 부치는 것뿐이었다. 그 나머지는 모두 권세 좋은 양반들이 얻어 하고 얻어 주기도 하는데 박 주사 아들이 제 하인으로 부리는 이웃 상놈에게도 이 논을 더러 얻어 준 일이 있다.

　그래 이 동리 사람들은 점점 더 못살게만 되는데 작년에 흉년을 만나서 더구나 못살 지경이 되었다. 그들 중에 조금 살기 낫다는 이가 남의 논섬지기나 얻어 부치는 것인데 박 주사집 논을 얻어 짓는 사람도 몇 집은 된다. 그렇지 않으면 모두 나무장사와 짚신장사와 산전을 파서 굶다 먹다 하는 이들뿐으로 올에는 또 물난리가 나서 수패(수해로 한 실패)를 당한 사람도 많다. 그 중에는 점순이 집도 논 댓 마지기를 지은 것이 온통 떠내려가 버려서 가을이 된대야 벼 한 톨 구경할 수 없게 되었다 한다. 그것은 박 주사집 땅을 올에도 다행히 그대로 부치다가 고만 그 지경이 된 것이었다. 박 주사집에서 이 논을 떼지 않고 그대로 둔 것은 다만 점순이 모친이 안으로 조른 보람만이 아니라 어떤 무엇이 있었는지도 모르겠다. 그것은 박 주사는 그 때 그 논을 벌써 언제부터 맨입으로 드난*을 하며 논 좀 달라고 지성껏 조르는 성룡이를 주자는 것을 박 주사 아들이 우겨서 그대로 둔 것을 보아도……

　그 박 주사집이란 벌써 몇 대째로 이웃 말에서 사는 집인데 해마다 형세가 늘어가서 이 통 안에서는 제일 부명을 듣는 터이다. 안팎으로 잇구멍은 몹시 밝아서 박 주사의 어머니 귀머거리 노인도 잇속에 들어서는 귀가 초롱같이 밝아진다는, 어떻든지 모두 그런 식구끼리 잘 만나서 사는 집이란다. 그래 그의 아들은 지금 스물이 겨우 넘은 젊은 친구

* 시체(時體)　그 때의 유행과 풍속.
* 드난　임시로 남의 집 행랑에 붙어 지내며 그 집의 일을 도와줌.

가 어떻게도 이심스럽든지 또한 남만 못지않은 그 아버지 박 주사가 아주 세간살이를 맡기었다 한다. 그는 지금 동척 회사 마름이요, 면협 의원이요, 금융 조합 평의원으로 세력이 당당하여 내년에는 보통 학교 학무 위원으로 추천해 준다는 셋줄도 있다는데, 칼 찬 순사나 군 직원들이 출장을 나오게 되면 으레 그 집으로 먼저 와서 네냐, 내냐, 막 터놓고 희영수*를 하고 보통 학교 훈도(교원)까지 가끔 나와서 그와 술잔을 기울이는 터이었다.

그러나 이런 말을 장황히 늘어놀 것은 없겠다. 왜 그러냐 하면 이런 박 주사집이나 박 주사 아들 같은 사람은 어느 시골이든지 결코 절종은 되지 않았을 터이므로.

지금 샘에서 돌아온 점순이는 푸성귀 담은 바구니와 물동이를 부뚜막에 놓았다. 모친은 벌써 보리쌀을 안치고 불을 때기 시작하였다. 보릿짚이 화르르 화르르 타오른다.

"물은 그렇게 많이 이고 무겁지 않으냐? 순영이가 왔다 갔다."

"네! 언제쯤?"

"지금 막. 또 온다구 하더라만. 그럼 너는 순영이와 같이 네 오빠 등거리나 박아라."

"어머니 혼자 바쁘잖아?"

"아니."

하는 모친의 대답이 떨어지자마자,

"그새 왔니?"

하고 순영이가 들어왔다. 그는 해죽이 웃는 낯으로 점순이를 쳐다보며. 그는 점순이보다 이쁘다 할 수는 없지마는 얼굴이 좀 동그스름한 게 살이 토실토실 올라서 탐스럽게 생긴 처녀였다. 역시 점순이와 동갑으로

＊ 희영수 다른 사람과 더불어 실없는 말이나 행동을 함.

올해 열여섯 살이라 하는데 엉덩이가 제법 퍼지고 기다란 머리채가 발꿈치까지 치렁치렁하였다. 점순이는 키가 날씬하고 얼굴이 갸름한 게 그리 살찌지도 또한 마르지도 않은 그리고 살빛이 무척 희었다.

"나는 지금 샘으로 가볼까 하다가 이리 왔다. 웨 그렇게 늦었니?"

"열무에 버러지가 어떻게 먹었는지 좀 정하게(깨끗하게) 씻느라고. 자, 방으로 들어가자."

"더운데 무엇하러 들어가니? 여기서 하자꾸나!"

"아니, 뒷문 앞은 시연하단다."

그래 그들은 방으로 들어가서 손그릇을 벌여 놓고 앉았다.

"그것은 뉘 버선이냐?"

"아버지 해(것)란다!"

"요새 삼복 머리에 버선은 왜?"

하고 점순이는 순영이 얼굴을 이상한 듯 쳐다보았다. 그 표정은 갑자기 웃음으로 변하여졌다. 확실히 빈정거리는 웃음으로.

"옳지! 알겠다. 그렇지!"

"무에 그래여? 삼복에는 왜 버선을 못 신니!"

"선보러 갈 버선?……."

하는 말이 채 떨어지기도 전에 순영이는 달려들어서 점순이의 입을 틀어막으며 한 손으로는 그의 허벅다리를 꼬집었다.

"아야! 야……. 안하께! 내 다시는 안하오리다! 호호호……. 그럼 거 짓말이냐? 또!"

"얘, 그런 소리는 하지 말고 어서 바누질이나 가리쳐 주렴! 얼른 해 가지고 오라는데 기애가."

하는 순영이는 오히려 부끄러운 듯이 두 뺨이 가만히 붉었다.

"왜 그리 또 급한가?"

"기애는, 또! 어머니가 얼른 오라구 하니까 그렇지. 우리 어머니는 늬 집에 올 때마다 그런단다."

"그는 웨?"

"누가 아니. 커드란 머슴애 있는 집에 가서 웨 그리 오래 있느냐고 그런다는구만. 커드란 계집애가 철을 몰러두 분수가 있지 않으냐구."

"너는 우리 오빠가 좋으냐?"

별안간 밑도 끝도 없이 점순이는 이런 말을 불쑥 물어 보았다. 그래 순영이는 얼을 먹은 모양이었다.

"그럼 또 너는 좋지 않으냐?"

"나는 좋지 않다. 아주 심술꾸러긴데 무얼."

"애, 사내들은 그래야 쓴다더라. 숫기가 좋아야."

"그럼, 너는 우리 오빠가 좋은 게로구나!"

"누가 좋댔니?…… 그렇단 말이지."

순영이는 얄미운 듯이 점순이를 흘겨보는데 눈 흰자위가 외로(한쪽으로) 쏠리고 입에는 벙싯벙싯 웃음이 괴었다.

"오빠는 아주 너한테 반했단다."

"아이, 기애는……."

순영이는 어이가 없는 듯이 점순이를 쳐다보았다.

"무얼 나도 다 아는데……. 늬들은 어젯밤에 담 모퉁이에서 속살거리지 않었니?"

이 말에 고만 순영이는 실쭉해지더니

"그럼 또 너는 어제 저녁때 '서울댁' 하고 늬 원두막에서 단둘이 있지 않었니? 나두 개울창에서 똑똑히 좀 보았다나."

"그리여. 기애는 누가 아니라남! 그럼 그 때 너두 왜 놀러 오지 않구?"

이렇게 아무렇지도 않게 말하는 점순이를 순영이는 은근히 놀랐다. 그런 줄 알았더면 나도 숭을 보지 말걸 하는 생각이 났다.

"남의 재미있게 노는 걸 훼방치면 좋으냐? 무얼! 그 때 갔어봐. 속으로 눈딱총을 놓았을 것이…….”

“아니야. 나도 어제 첨으로 그이하고 이야기해 봤단다. 그런데…….”

“그런데 뭐? 그 때 너는 어째 혼자 있었니? 자옥 맞이하랴고 호호호…….”

“기애는 별소리를 다 하네. 글쎄 들어 봐요! 점심을 해 놓고 기다리니까 어머니가 원두막에서 들어오시더니 나보고 이라시겠지. ‘어서 밥 먹고 원두막에 가 보아라. 내가 들에 밥 내다 주고 올 동안만.’ 아버지와 우리 오빠는 어제 산 너머에 있는 집의 화중밭을 매섰단다.”

“오 참, 어제도 늬 집은 일했지. 점심때 연기가 꼬약꼬약 나더라!”

“그래 막 나가 앉아서 바누질거리를 손에 잡으랴니까 별안간 인기척이 나더구나. 깜짝 놀래 쳐다보니까 그이겠지! 나는 그 때 어쩔 줄을 몰라서 고개를 푹 숙였단다.”

“그래 그이가 뭐라고 하든?”

“번히 알면서 웨 모르는 체하니! ‘사람이 사람을 보는 것이 무엇이 부끄러워.’ 이라겠지.”

“얼레! 그이도 꽤 우숩잖다! 그래 그 때 너는 뭐라구 했니?”

“그런 때 무슨 말이 나오겠니. 거저 웃고 쳐다보았지. 그랬더니 그는 ‘그렇지! 그렇지! 진작 그렇게 고개를 들 것이지.’ 하고 나를 꿰뚫을 듯이 쳐다보던가. 그리더니 무작정하고 망태기에서 참외를 끄내 먹으며 나보고도 자꾸 먹으라고 하겠지!”

“얼레! 그이가 왜 그렇다니? 그래 어떻게 되었니!”

순영이는 한 걸음 다가앉으며 이상스런 듯이 눈을 크게 뜨고 점순이를 쳐다보며 하는 말이었다.

“그 담에 이런 이야기를 하였단다. 참외를 어귀어귀 먹으면서 ‘나를 양반이라고 늬들이 돌려 내나부다마는 양반도 역시 사람이란다. 하기는 같은 사람으로 누구는 양반이니 누구는 상놈이니 하고 또 누구는 잘살고 누구는 못사는 것이 벌써 못생긴 인간이다. 그렇다면 너하고 나하고 같이 노는 것이 어떨 것 무엇 있니? 다 같은 사람인데 나는 너한테 창순아! 하고 불러 주는 소리를 들었으면 제일 좋겠다'구."

"얼레! 그것은 또 무슨 소리라니?"

"그라지 않아도 그 때 나는 '그것은 웨요?' 하고 깜짝 놀래며 물어보았단다. 그랬드니 그이는 이렇게 말하겠지. '그러면 너하고 나하고 동무가 되지 않니?'"

"그럼 같이 놀잔 말이라구나!"

"그래 나는 '당신도 우리네 상놈 같구려!' 하였더니, 그이는 '나는 상놈이 되고 싶다.' 하겠지. 내 원 어찌 우수운지!"

"왜 그런다니? 그이가 미치지 않았을까?"

"몰라……. 그리고 여러 가지 이야기를 하였단다. 서울 이야기, 여학생 이야기, 이 세상이 악하고 어떻고 어떻다고 한참 떠들었단다."

"그건 또 웬 소린가. 아니 참말로 들을 만했었구나! 그럴 줄 알았드면 나도 좀 가서 들을 것을!"

"그리다가 주머니를 부시럭부시럭하더니만 돈을 집히는 대로 끄내서 세보도 않고 내놓고는 고만 뒤도 안 돌아보고 휘적휘적 가겠지!"

"얼레! 그래 얼마나?"

"동전하고 백통전하고 한 네댓 냥은 되여 보이드라. 그래 나는 한참 동안 덩둘하다가 '나 봐요!' 하고 암만 불러도 세상 와야지. '그만둬 그만둬.' 하고 손을 내젓고 가겠지."

"참외는 몇 개를 먹었는데?"

"세 개를 먹었단다. 하기는 잘 안 익은 놈을 두 개는 도려 놓았지만 두. 먹은 값으로 치면 한 개에 닷 돈을 치더래도 냥반밖에 더 되니?"

"그렇지!"

"그런데 나는 참윗값을 안 받을라고 하였는데. 부끄럽게 그것을 어떻게 받니? 그런데 나종에 세여 보니까 넉 냥 일곱 돈이던가!"

말을 마치자 눈앞을 할끗 쳐다보던 점순이는 몸을 소스라쳐 놀란다.

"아이 오빠두 도독괴마냥 왜 거기가 찰딱 붙어 섰어?"

이 소리에 순영이는 기겁을 하여 몸을 옴츠렸다.

"나도 좀 같이 놀자꾸나! 무슨 이야기를 그렇게 재미있게 했니?"

하고 사내는 벙글벙글 웃는다. 그는 깎은 머리를 수건으로 질끈 동였는데 서근서근한 얼굴이 매우 귀인성 있어 보인다. 지금 열팔구 세밖에 안돼 보이는 소년티가 있긴 하나 그의 힘줄 켕긴 장딴지라든지 굵은 팔뚝이 한 장정같이 기운차 보였다. 그는 지금 들에서 무엇을 하다 왔는지 손에는 흙가루가 뽀얗게 묻었다.

"순영이가 오빠의 흉을 보았다우. 커다란 머슴애가 남의 색시 궁둥이를 줄줄 따러다닌다구."

"누가 그래여? 기애는 참!……."

하고 순영이는 얼굴이 빨개지며 불안한 웃음을 웃는데

"아, 참말로 그랬니?"

하고 사내는 순영이에게 팩 달려들었다……. 점순이는 뱅글뱅글 웃는 눈으로 그의 오빠를 할겨보면서 밖으로 살짝 나와 버렸다.

"아! 왜 이래? 저리 가래두!……."

하고 순영이의 징징 우는 소리가 들리자 부엌에서 모친의 목소리가 났다.

"점동아! 왜 그리니? 남의 낼모레 시집갈 색시를……. 가만두어라! 성이나 내라구."

"시집가기 전은 상관없지!"

사내는 빙그레 웃고 다시 순영이를 쳐다볼 때 그는 얄미운 눈초리로 사내를 할겨보았다. 별안간 고개를 폭 수그리더니 어느덧 그의 눈에서는 눈물방울이 뚝뚝 떨어졌다.

이 꼴을 본 사내는 다시 달려들어 그를 꼭 껴안았다. 그리고 뜨거운 입술을 그의 입에다 대었다.

그러자 문 밖에는 박 주사 아들이 왔다.

"김 첨지 집에 있나?"

하는 그의 목소리가 나자

"아이구! 나리 오십니까? 저, 일 갔답니다."

하고 점순이 모친은 불을 때다 말고 부지깽이를 손에 든 채 일어서 맞는다.

"모처럼 오셔야 앉이실 데도 없고……. 원, 사는 꼬라구니가 이렇답니다……. 그 밀방석 위라도 좀 앉이시지요!"

하고 그는 불안한 듯이 얼굴에 당황한 빛을 띠고 있다. 마치 무슨 죄를 짓고 난 사람같이. 과연 그는 가난을 죄로 알았다. 안방을 흘금흘금 곁눈질하던 박 주사 아들은 교만한 웃음을 엷게 머금고

"무얼 바로 갈걸! 괜찮어."

하는 모양은 자기의 행복을 더욱 느끼고 자기가 금방 더한층 훌륭한 사람이 된 것을 의식하는 표정 같다.

"그래도……."

점순이 모친은 이렇게 말끝을 죽이더니 다시 무슨 생각이 들었는지 잠깐 머뭇거리다가 비로소 딴말을 꺼내었다. 그는 있는 힘을 다하여 간신히 이 말을 하는 모양 같다. 할까말까 하고 몇 번을 망설이다가 하는 말같이.

"저, 내년에는 논 좀 더 주십시요! 아, 올에는 뜻밖에 그런 물로 저희도 저희지마는 댁에도 해가 적지 않습니다."

"논? 어디 논이 있어야지. 그러나 어디 가을에 가서 또 보세."

이 말에 점순이 모친은 반색을 하는 듯이 한 걸음을 자기도 모르게 조촘 나오며,

"참, 나리만 믿습니다. 어디 다른 데야……."

"그리여, 어디 보세……. 더러 댁에도 좀 놀러 오게나그려! 인제 늙은 이가 좀 바람되 쐬고 그러지! 집안일은 딸에게 맡기고……."

그는 무슨 까닭인지 말끝을 이렇게 흐린다.

"어디 좀처럼 나슬 새가 있습니까? 지지한 살림이 밤낮 해도 밤낮 바쁩답니다. 그까지 것은 아즉 미거하고(철이 없고) …… 참 언제쯤 새로 오신 마마님도 뵈올 겸 한 번 놀러 가겠습니다."

"그라게! 나는 가."

하고 박 주사 아들은 마당에 놓인 절구통전에 걸터앉았다가 호기 있게 벌떡 일어나 나갔다. 궐련을 퍽퍽 피우면서.

"아, 그렇게 바로 가서요? 그럼 안녕히 가서요."

하고 점순이 모친은 한동안 그를 눈으로 배웅하였다. 어쩐지 그의 눈에는 까닭 모를 눈물이 핑 돌았다.

3

동편 '흑성산' 쪽에서 난데없는 매지구름(조각구름)이 둥둥 떠돌더니 우르르 하는 천둥 소리와 함께 소나기가 새까맣게 묻어 들어온다. 미구(오래지 않아)에 높은 바람이 휘돌아들자 주먹 같은 빗방울이 뚝뚝 듣더니만 고만 와 하고 정신을 차릴 수 없이 한줄금(한줄기)을 퍼붓는다.

이제까지 조용하던 천지는 갑자기 난리 난 세상같이 소란하다. 들에서 일하던 사람들이 헐헐 느끼며 뛰어들어온다. 낙숫물이 떨어져서 개울물같이 흐르고 황톳물이 도랑이 부듯하게 나간다. 앞 논에 볏잎과 마당가에 있는 포플러나무 잎새가 빗방울을 맞는 대로 까땍까땍 너울거린다. 그러는 대로 우 와 소리를 친다. 하자 어느 틈에 그쳤는지 가는 비가 솔솔 내리며 번개가 번쩍번쩍하고 무서운 천둥 소리가 우르르 나더니 거먹구름이 북쪽으로 몰려간다. 어디서 자끈자끈하는 것은 벼락을 쳤나보다! 한데 어느 틈에 씻은 듯 가신 듯한 맑은 하늘이 되었다. 그러자 초생달이 동천에 두렷이 떠오른다.

보리죽 보리밥으로 저녁이라고 끼니를 에운(때운) 뒤에 그들은 항상 모이는 점백이집 마당으로 모여들기 시작하였다. 점순이 아버지도 저녁 숟갈을 놓자 담뱃대를 들고 그리로 마을을 갔다. 멍텅구리 한 쌍이라는 조 첨지 부자도 벌써 왔고 이 동리에서 어른 중에는 제일 유식하다는 —— 하긴 겨우 언문을 깨쳐서 겨울에 이야기책을 뜨덤뜨덤 볼 줄 아는 것뿐이다마는 어떻든지 이 동리에서는 제일 유식한 '지식 계급이라는 —— 원득이도 왔다. 총각 대방 수돌이, 코똥(콧방귀) 잘 뀌는 박 첨지커니 죽 늘어앉아서 하루 동안 피곤한 몸을 쉬는 판이다. 노인들은 장죽에다 담배를 피워 물고 —— 그것도 '희연'이 너무 비싸서 사 먹는 사람도 별로 없지마는 보짱(배짱) 크고 담대하기로 유명하고 노름 잘하고 개평 잘 떼는 순익이는 몰래 담배를 심어서 순썰이(실담배)로 썰어서 말려 먹는 것을 한 대씩 노나주었다.

노인들은 구성진 목소리로 이야기를 하는데 나이 그 중 많고 이야기 잘하는 조 첨지가 이 동리에서는 제일 어른이었다. 젊은 축들은 저만치 따로 자리를 펴고 앉고 누워서 담배를 먹는 축에, 또는 어른들 앉은 자리로 와서 이야기를 듣는 이도 있다. 요사이 그들의 이야깃거리는 경향 각처에 물난리 난 소문이었다.

안마당에서는 내일 논맬 밥거리 —— 보리방아를 찧는 데 성삼이 처도 방아꾼으로 뽑혀와서 지금 세마치장단으로 쿵쿵 쿵더쿵 하고 한참 재미있게 찧는 판이다. 성삼이 처는 방아를 찧는 데도 멋이 잔뜩 들어서 절굿전에다 '사잇가락'을 넣어서 부딪치는데 그게 아주 흥취 있게 들리었다.

점백이 마누라, 이쁜이 어머니커니 조 첨지 며느리는 저편에서 키질을 하고, 멋거리진 순이 어머니, 말 잘하는 수돌이 처, 여러 가지 의미로 유명한 성삼이 처는 이렇게 한패가 되어서 방아를 찧는다. 어떻든지 얼리기도 잘들 얼렸다.

성삼이 처는 물론 이런 때에도 입을 가만두지 않고 숨이 차서 쌔근쌔근하면서도 무엇을 속살거리고는 그 유명한 윤나는 웃음을 웃었다. 그러면 수돌이 처가 또 우스운 소리를 해서 그만 웃음통이 터지고 절굿공이를 맞부딪치며 허리를 잡는데 별안간 순이 어머니가 이런 노래를 내었다.

쿵덕 쿵덕 쿵더쿵
잘두 잘두 찧는다!
이 방아를 다 찧어서
누구하고 먹고 살까?

그래서 그들은 방아가 다시 얼렸는데 별안간 어디서 생겼는지 절구통갈보라는 술장사하는 순옥이 처가 엉덩춤을 추며 절굿공이를 들고 대들었다.

한 말 닷 되 술을 빚고
말 두 될랑 떡 쳐서
동무님네 불러다가
먹고 뛰고 놀아보세
얼싸절싸 쿵더쿵!

그는 이렇게 소리를 받자 절굿공이를 들고 한 번 핑그르 맴돌아서 다시 장단을 맞춰 찧는데 여러 사람들은 고만 일시에 웃음통이 터졌다.

조 첨지 며느리는 배를 움켜지고 속으로 웃느라고 땀이 다 났다. 그러나 절구질꾼들은 더욱 세차게 내리찧으며 모두 신명이 나서 어깨가 으쓱으쓱하여졌다.

어떤 년은 팔자 좋아
금의옥식에 싸였는데
이내 팔자 어인 일고
절구질에 손 터지네.
아이구지구 쿵더쿵!

이번에는 수돌이 처가 이렇게 받자 잇대어서 성삼이 처가 또 받았다.

시뉘 잡년 화냥년!
말전주는 왜 하누?
콩밭고랑 김맬 적에
정든 님을 어짜라구
얼싸절싸 쿵더쿵!

그래 그들은 다시 웃음을 내뿜고 절굿공이를 맞부딪고 보리쌀을 파헤치고 한바탕 야단이 났다. 더구나 성삼이 처의 웃음소리라니 까투리 나는 소리로 얄바가지를 있는 대로 뒤떨었다.

바깥마당에는 지금 서울댁 양반이 왔다. 그래 그들은 인사하기에 한참 부산하였다. 그들은 모두 서울댁 양반을 좋아하였다. 그것은 비단 그에게는 양반티가 없다는 것뿐 아니라 그의 호활하고 의리 있는 것이 마음을 끌었음이다. 생김생김도 눈이 큼직하고 콧날이 서고 준수한 얼굴이었다. 그렇다니 말이지 그에게 먼저 반하기는 성삼이 처였다. 그들은 마치 서울댁을 지식 주머니로 아는 듯이 그를 만나면 우선 세상 형편을 물어 보았다. 그럴 때마다 그는 여러 가지 이야기를 하였다. 그는 신문에서 본 말, 자기가 아는 일, 이 세상 여러 가지 문제를 이야기해 들려 주었다. 그러면 그들은 모두 재미있게 듣고 있었다. 요새는 물난리에 서울 사는 민 부자가 돈 천 원을 기민 구제에 기부했다는 말을 할 때 그들은 모두 입이 딱 벌어지도록 놀랐다.

그는 또한 이런 소리를 하였다.

"그것은 부자들의 사탕발림이다. 그리하여 더 짜 먹으려는 수작이다."

하는 것이 그의 말투이었다. 물론 이 말을 처음 들을 때는 그들은 깜짝 놀라고 의심하였다마는 그는 어디까지 자기 말을 주장하였다. 그가 그들에게 한 말을 간단하게 추려 말하면 이러하였다.

"첫째 한 말로 할 것은 돈이 쌀이 아니요 돈이 옷감이 될 수 없는데, 또한 그 쌀이나 옷감은 가만히 앉았는 사람의 손으로 된 것이 아닌데, 어찌해서 누구나 손가락 하나 까딱하지 않는 사람이라도 돈이라는 종잇조각을 가지면 당장에 부자가 되느냐? 그게 벌써 틀린 일이다. 가령 지금 쌀 한 말에 이 원을 한다 하면 그 쌀 한 말을 만들어 내기에는 봄으로부터 가을까지 전후 비용이, 더구나 남의 장리를 얻어서 농사를 진 사람으로는 지금 그 값에 몇 동갑이 더 들었을 것인데 이러한 품밥든 생각은 않고 장사하는 놈들이 제 맘대로 값을 올렸다 내렸다 하는 것도 불공평한 일이다. 이것이 모두 장사치의 잇속으로 따진, 사람까지도 상품으로 만들어서 저희의 부만 늘리자는 짓이다. 그러므로 만일 돈을 쓸 터이면 그것은 반드시 그만큼 사람에게 유익한 일을 하는 사람들끼리만 쓸 것이지 결코 놀고먹는 놈이나 악한 짓을 하는 놈은 못 쓰도록, 그래 병신, 노인, 어린이들 외에는 모두 제각기 재간대로 일을 하고 사는 것이 옳은 일이다."

그는 이렇게 말하였다. 그래 그는 부자를 욕하고 박 주사 아들을 욕하고 이 너머 이 진사집보고도 욕을 하며 그놈들은 양반도 아니요 사람도 아니요 똥내만 맡고 사는 개만도 못한 놈들이라고 하였다.

그들이 처음으로 이 말을 들을 때는 대단히 놀랐다. 그것은 지금까지 자기들이 그 중 쳐다보고 훌륭한 사람으로 알던 그이들을 보고 이렇게 욕하는 까닭이었다. 그러나 그의 말을 들을수록 그런 의심은 차차 풀리었다. 그래 민 부자의 천 원 기부도 그릴 놀랄 것이 아닌 줄을 알았다.

그 언제인가도 그가 또 이런 말을 하다가,

"지금은 돈만 아는 세상이다. 만일 개가 돈을 가졌다면 멍 첨지라고 공대할 세상이야!"

하는 말에 그들은 모두 웃음통이 터졌었다.

그는 지금도 한참 그런 이야기를 하다가 집으로 간다고 일어섰다.

"아! 더 놀다 가시지유."

하고 이 구석 저 구석에서 만류하는 말이 쏟아졌다. 그러나 그는 어디 볼일이 좀 있다고 그 길로 바로 발길을 돌리었다. 그는 이 아랫말에서 사는 자기 백부의 집에 와 있는데 서울서 내려온 지가 며칠 되지 않았다. 그는 아직 장가도 아니 든 스물두서넛밖에 안되어 보이는 소년으로 어려서부터 큰집에서 커났다.

지금 그 길로 가다가 그는 점순이 집에를 들리었다. 싸리문 안에 들어서 보아도 아무 기척이 없다. 그는 집이 빈 줄 알고 막 도로 나오려는데 별안간 안방에서 누가 쫓아 나온다. 알고 보니 점순이었다.

"나 봐요! 저…… 어저께 그 돈 받으서요!"

하고 그는 당황한 모양으로 부르짖는다.

"무슨 돈? 아! 참욋값을 도로 받으라구."

"참욋값이 더 된대두!"

"더 되나 덜 되나 너는 그것만 그저 생각하고 있니? 더 되거든 네가 쓰려무나!"

"얼레! 남이 흉보게."

"흉은 무슨 흉?"

"남의 사내에게 거저 돈을 받는다구."

"그게 무슨 흉될 게 있니? 깨끗한 마음으로 주고받었다면. 너두 참 퍽 고지식하구나. 그러면 이 담에 참외로 대신 주랴무나!"

"그럼 내일 와요! 참외막으로."

"응! 그래."

그는 이렇게 대답하고 바로 자기 집으로 향하였다. 그는 자기가 점순이 집에를 왜 들리고 싶었는지 알 수 없는 일이었다.

이 날 밤에 점순이는 베개를 여러 번 고쳐 베고 생각하였다. '퍽두 이상한 사람이다…….' 하고.

4

그 이튿날 밤이었다. 점순이 모친이 원두막에 나가는 길에 점순이도 따라 나갔다. 서울댁은 오지 않았다. 그래 점순이는 은근히 기다렸지마는 지금은 그가 오려니 해서 나간 것은 아니다. 웬일인지 가고 싶은 마음이 키어서 —— 그것은 달이 한창 밝아서 이상스럽게도 어떤 궁금한 생각이, 그대로 방 안에 앉았기가 싫었음이다.

그런데 순영이가 아까 저녁때 와서 그 말을 듣고, 그러면 저도 같이 놀러 가겠다고, 그래 저의 어머니한테 허락을 맡아 가지고 오겠다 하였다. 과연 나갈 무렵에 그는 벙긋벙긋 웃고 뛰어왔다. 그래 지금 원두막으로 같이 나가는 길이다. 무슨 일인지 점순이 부친은 산 너머에 볼일이 있다고 저녁을 먹고 바로 나갔다. 그래 점순이 모친이 원두막을 지키러 나가게 된 것이다.

원두막은 앞산 모퉁이 개울 옆으로 기다랗게 생긴 원두밭둑에다 지었다. 거기는 냇물 소리가 쏴 하게 들리고 물에서 일어나는 서늘한 바람이 원두막 위로 솔솔 불어 왔다.

냇물은 달빛에 어른어른하고 저편 백모래밭에는 돌비늘(운모)이 반짝반짝 빛나는데 이편 언덕 위로는 포플러의 푸른 숲이 어슴푸레한 그림자를 던지고 있다. 다시 눈앞으로는 설화산 쪽이 아지랑이 속같이 몽롱한데 푸른 하늘에는 뭇별(많은 별)이 깜박깜박 눈웃음을 치고 인간을 내려다본다.

점순이와 순영이는 지금 홀린 듯이 이 밤경치에 취하여 함참 재미있게 노는데 별안간 인기척이 나는 바람에 마주 보니 그는 뜻밖에 서울댁과 점동이였다.

"너는 왜 또 오니? 집 보라니까……. 저이는 누구야?"

하는 점순이 모친은 점동이 뒤에 또 한 사람이 있는 줄을 비로소 알고 묻는 말이었다. 그래 목소리를 듣고 그제야 안 것처럼 그는 다시 정답게 알은체를 한다.

"아! 밤에 다 마실을 오시유? 나는 누구라구. 어서 올라오시지유!"

"네, 참외 먹으러 왔습니다. 점동이를 만나서."

하고 서울댁은 원두막 밑에서 대답하였다.

"참외를 따온 것이 아마 없지. 그럼 점동아, 네가 좀 따랴무나. 그럼 여기서 노다 가시유. 나는 밭을 좀 매야!"

하고 노파는 원두막에 꽂은 호미를 빼들고 내려왔다.

"달 밝고 서늘해서 밭 매기는 썩 좋겠다. 기왕 나왔으니 너두 밭이나 좀 매람!"

"가만 있수! 저 양반하고 이야기 좀 할라우. 어서 어머니 먼처 매시유!"

참외 망태기를 메고 원두밭으로 가는 점동이는 이렇게 대답하였다.

"아, 참외나 하나 자시고 매시지요!"

서울댁은 이렇게 권하여 보았다.

"지금은 생각 없어유. 내야 먹고 싶으면 이따가 따 먹지요."

그는 이렇게 대답하고 맨 윗고랑으로 올라가서 그루밭을 매기 시작하였다. 호미가 흙덩이에 부딪는 소리가 사각사각 난다.

그 동안에 점동이는 참외를 한 망태기 따 가지고 왔다. 그래 서울댁보고 원두막으로 올라가자 하였다.

"무얼 여기서 먹지."

하고 서울댁은 사양하였다.

"아니요, 올라가요! 앉일 자리두 없는데. 애들아! 올라가도 괜찮지! 응? 우리 큰애기들아!"

원두막 위에서는 킬킬 웃는 소리가 들리었다. 소곤소곤하는 소리도 난다. 뒤미쳐

"맘대로 해요!"

하는 점순이의 날카롭게 부르짖는 목소리가 들리자 그들은 원두막 위로 올라갔다. 그런데 점순이는 그들이 앉기도 전에 서울댁 앞에다 웬 돈을 절그럭 하고 꺼내 놓았다.

"그게 뭐야?"

점동이가 눈이 휘둥그레지는 것을 보고 색시들은 또 웃었다.

"아, 참욋값!"

하고 서울댁은 그 사연을 이야기하고 이런 말을 하였다. 서울서 장사하는 사람들은 돈을 안 주어서 못 받는다고.

"그럼 그 돈으로 지금 참외나 먹읍시다. 아무 돈이나 쓰면 됐지. 계집 애들이란 저렇게 꼼꼼해. 담배씨로 뒤웅을 파랴듯이."

하고 점동이는 참외를 한 개씩 안기었다.

"그럼 또 턱없이 남의 돈을 받어?"

점순이는 얄미운 표정으로 점동이를 쳐다보며 부르짖었다. 그러나 점동이는 참외를 깎아서 어석어석 먹으면서

"그래 잘했다. 상금으로 참외나 더 먹어라. 그리고 소리나 한 마디씩 하구!"

"아이구 망측해라! 누가 소리를 한담. 사내들 있는 데서!"

"사내들 있는 데서는 웨 못하는 법이냐? 늬들끼리는 곧잘 하면서."

"무슨 소리를 했어?"

"늬들이 이렇게 하지 않았니?"

하더니 점동이는 고개를 외로 꼬고 청승스런 목소리로 군소리하는 흉내를 내었다.

가세 가세!
나물 가세.
동산으로
나물 가세.

나물 캐고
피리 불고
노다 노다
임도 보고

"아이 우리가 언제 그런 소리를 했어!"

하고 색시들은 얼굴이 빨개지며 부끄러워 죽겠다는 듯이 우는 소리를 한다. 그들의 안타까운 목소리로.

"안했걸랑 고만두람! 오 참, 성삼이네가 하던가? 아니, 서울댁 양반! 서울 색시들도 노래를 하나요. 여학생도?"

하고 점동이는 서울댁을 쳐다본다.

"하고말고 창가를 하지."

"오, 창가. 이렇게 하는 것 말이지. 학도야 학도야 청년학도야!……
이렇게."

색시들은 또 킬킬 웃었다. 점동이의 털털한 수작에 그들은 적이 부끄
럼이 가시었다. 그들은 이렇게 재미있게 노는데 나중에는 서울댁의 이
야기에 모두 귀를 기울이게 되었다. 그는 역시 이 세상이 악하고 부자
가 악하다는 말을 하였다. 그래 우리 젊으나젊은 청춘이 꽃동산과 같은
아름다운 세상에서 잘살 것을 지금 이렇게 되었다고 흥분하였다.

"보아라! 이 아름다운 경치를. 저 안타까운 별들을. 저 밝은 달빛! 저
그윽한 물소리. 저 은근한 수풀 속 나무나무 가지가지에 녹음이 우거
진 이 때, 우리들은 경치 좋은 이 산 속에다 정결하게 집을 짓고 옷밥
걱정이 없이 살아 본다고 생각해 보자. 아버지와 어머니는 들에 나가
서 일을 하고 우리들은 학교에 가서 공부하며 뛰고 놀다가 저녁때 돌
아와서는 들에 나가서 부모님의 일도 거들어 주고 저 산 밖으로 노래
를 부르면서 놀러 다닌다면 얼마나 우리의 사는 것이 아름답겠니?
모든 사람이 다같이 일하고 다같이 벌어서 부자와 가난이 없이 산다
면 그 때야말로 이웃 사람은 진정으로 정답고 사랑하고 싶어서 오늘
은 늬 집에 모이자, 내일은 우리 집에 모이자 하고 즐기며 뛰놀 것이
다. 그 때야말로 공중에 나는 새도 인간의 행복을 노래하고 땅 위에
피는 꽃도 사람의 즐거움을 웃어줌일 게다. 그 때야말로 참으로 이
세상 만물이 인간을 위하여 축복을 드릴 것이요, 저 달을 보아도 우
리의 마음이 즐거울 것이다. 그런데 지금은 어떠하냐? 우리는 공부
할 나이에 공부도 못하고 늙으신 부모는 밤낮 일을 해도 가난에 허덕
허덕하지 않느냐? 처녀의 고운 손은 방아 찧기에 악마디가 지고 청
춘남녀는 맘대로 사랑할 수도 없지 않느냐? 못 먹고 헐벗으며 게딱

지만한 오막살이 속에서 모기 빈대 벼룩에게 뜯겨 가며 이렇게 하루 살기가 지겹도록 고생고생하게 된 것은 그게 모두 몇 놈의 악한 놈들이 돈을 모두 독차지해 가지고 착하게 부지런히 일하는 많은 사람들을 가난의 구렁으로 잡아 처넣은 까닭이다. 아! 지금 저 달이 밝지마는 우리에게 좋을 것이 무엇이며, 지금 이 바람이 서늘하다마는 우리의 가슴은 더욱 답답하지 않으냐? 낮에는 햇빛 밑에서 일을 하고 밤에는 달 아래서 하루의 피곤한 몸을 쉬는 천만 사람이 다같이 일해서 먹고사는 세상이 참으로 사람답게 사는 세상이 될 것이다."

하는 그가 열정으로 부르짖는 말에 그들은 모두 넋을 잃고 귀를 기울였다. 점순이와 순영이는 하염없이 눈물을 글썽글썽하였다. 참으로 그런 세상을 어서 보고 싶도록……. 그래 그렇지 못한 자기네의 지금 생활이 몹시도 분하고 애달팠다. 그렇게 허튼소리를 하던 점동이까지 잠자코 앉아서 무엇을 우두커니 생각하고 있었다. 그래 사방은 괴괴하니 오직 물 소리만 요란히 들리었다.

점동이가 눈짓을 하자 순영이는 슬그머니 원두막 아래로 내려갔다. 그런데 원두막 위에 단둘이 앉았던 점순이는 별안간 '서울댁' 무릎 앞에 푹 엎드러지며 흑흑 느껴 울었다. 그것은 무슨 그를 사랑하고 싶어서 그리 한 것이 아니라 지금 그에게 들은 말에 감격하여 견디지 못한 발작이었다. 과연 그는 지금까지 살아온 것을 생각할 때 오직 '불행' 그 것으로만 느껴졌다.

"당신은 웨 그런 말을 일러 주셨소."

하는 것처럼 그는 이제까지 모르던 슬픔을 깨도한 것 같다.

이 때 남자는 그를 마주 껴안고 그의 뜨거운 입술에다 자기 입술을 대었다.

저편 나무 속에서도 목메어 우는 소리가 가늘게 들리었다. 점동이와 순영이도 거기서 우는 게다. 아직 인생의 대문에도 못 들어간 그들을 울리게 하는 것이 대체 무엇인가? 달아! 혹시 네나 아는가?……

물 소리, 울음 소리! 또는 모친의 밭 매는 호미 소리, 이 소리들이 서로 어울리어 이 밤의 심포니를 싸고 고요히 흐른다.

5

그 후 한달이 지나서이다. 가난한 집안에서는 보리 양식이 떨어질 칠궁(음력 칠월의 궁핍)으로 유명한 음력으로 칠월달을 접어들었다. 향교 말에는 양식이 안 떨어진 집이 별로 없는데 점순이 집에도 벌써부터 보리가 떨어졌다.

그 동안에는 어떻게 부자가 품도 팔고 이럭저럭 지내왔으나 앞으로는 앞뒤가 꼭 막혀서 살아갈 길이 망연하였다. 그것은 논밭에 김도 다 매고 두렁도 다 깎은 터이므로 일꾼들은 모두 나뭇갓으로 올라갈 때이다. 인제는 품을 팔아먹을 일거리라고는 없어졌다. 벼는 벌써 부옇게 패었다.

그러므로 점순이네 부자도 나무나 해서 팔아먹는 수밖에는 다른 수가 없었다. 원두도 인제는 다 되어서 더 팔아먹을 것은 없었다.

산이 없는 점순이네는 나뭇갓을 얻기도 용이치 않았다마는 그래도 부자가 일을 하기만 하면 남의 나무를 베어 주고라도 나뭇갓을 조금 얻을 수 있었는데 화불단행이란 옛말이 거짓말이 아니던지 이런 때에 뜻밖에 김 첨지가 덜컥 병이 났다. 그는 벌써 한 이레째나 생인발을 앓느라고 꼼짝을 못하고 드러누웠는데 그게 순색으로 더치게 되었다. 그래 퉁퉁 부었다. 그런데 양식은 똑 떨어졌다. 점순이 모친은 생각다 못하여 마지막으로 박 주사 아들한테 장릿벼 한 섬을 얻으러 갔다.

박 주사 아들이 흉악한 불깍쟁인 줄은 그도 모르는 바가 아니었지마는 거번에 논을 좀 달라고 할 적에도 그리 할 듯한 대답을 한 것이라든지 그 때 은근히 한번 놀러 오라던 말을 생각해 보면 어디로 보든지 호의를 가졌던 것만은 확실한 모양이다. 나중에 알고 보면 이 호의가 무척 고가임을 알고 그는 아연실색할 것이다마는 지금은 두수없이 꼭 죽었다 할 판이므로 이런 때에는 턱에 없는 것도 믿고 바라는 것이 사람의 정리이다. 물에 빠진 사람은 지푸라기라도 붙잡는다 하지 않는가? 한번 놀러 오라 하고 더구나 논까지 줄 듯이 대답한 그런 고마운 사람에게 어찌 구원의 손을 내밀지 않을 수 있으랴? 그자가 도척이거나 동척 회사 마름이거나 이런 때는 그런 것이 상관없다. 그저 한 번 놀러 오라는 말과 논을 줄 듯이 대답한 그런 고마운 생각만 나는 것이다. 하기는 이런 사람을 어리석다 할는지는 모른다. 과연 박 주사 아들은 그의 어리석음을 비웃었다. 그러나 이런 죄없는 어리석은 사람을 농락하려는 사람은 또한 어떠한 사람이라 할까? 옳다! 지금 이 세상에서는 물론 이런 사람을 잘났다 하겠지! 남을 잘 속여서 제 낭탁을 하는 사람을 똑똑하다고 칭찬하지 않는가? 그렇다면 박 주사 아들도 물론 똑똑한 사람으로 칭찬을 받을 터인데 다만 너무 똑똑해서 알깍쟁이가 된 까닭에 똑똑한 사람을 칭찬하는 이 지방 사람들까지도 그를 좀 비방하게 되었단 말이다.

그러나 이런 말을 지금 여기서 옥신각신할 때가 아니다. 점순이 모친은 지금 동이 달아서 많은 희망을 품고 박 주사 아들을 찾아갔다.

과연 박 주사 아들은 서슴지 않고 한 마디로 선뜻 승낙하였다. 한 섬으로 만일 부족하거든 두 섬이라도 갖다 먹으라고.

이 때 점순의 모친은 얼마나 기뻐하였던가? 과연 자기도 모르게 입이 저절로 벌어졌다. 그래 그는 무수히 감사하다는 치사를 드리고 마치 승전고나 울리고 돌아오는 장수의 마음같이 걷잡을 수 없는 기쁜 마음으로 그 집 대문을 나섰다.

그런데 박 주사 아들이 대문 밖까지 따라나오더니 잠깐 조용히 할 말이 있다고 구석진 곳으로 손짓을 한다.

그것은 이러한 조건이었다. 장릿벼는 지금 말한 대로 줄 터이니 그 대신 자네 딸을 나 달라고.

그래도 집에서는 이런 줄은 모르고 행여나 무슨 수가 있나 하고 은근히 기다리었다. 고정하기로 유명한 김 첨지까지 —— 가지 말라고 큰소리를 지르던 —— 도 무슨 수가 있는가 하고 바라는 바가 있었다.

그런데 마누라는 눈물만 얻어 가지고 돌아왔다. 그는 그 때 박 주사 아들한테 그 소리를 들을 때에 고만 가슴이 덜컥 내려앉으며 별안간 두 눈이 캄캄하였다. 그는 아무 대답도 않고 그 길로 돌아서서 눈물만 비오듯 쏟으며 정신없이 돌아왔다. 그는 지금 눈가가 퉁퉁 분 눈으로 안산(맞은편 산)만 우두커니 쳐다보고 한 손으로 턱을 괴고는 풀이 없이 앉았다. 그래 김 첨지는 화가 버럭 났다.

"야! 뭬라구 하던가?"

그는 돌아누우며 궁금한 듯이 이렇게 물었다.

"한 섬은 말고 두 섬이라도 갖다 먹으랍디다."

"그럼 잘되지 않았나! 무얼?"

"그 대신 점순이를……."

마누라는 목이 메어 말끝을 못다 마치고 우는 얼굴을 외로 돌렸다. 이 소리에 별안간 김 첨지는 벌떡 일어나 앉으며

"무엇이 어짜고 어째?"

하고 그는 갈범의 소리로 부르짖는다. 온 집안이 찌르릉 울렸다. 이 바람에 점순이 모친은 깜짝 놀라서 뒤로 무르춤하고 부엌에서 무엇을 하던 점순이는 방으로 뛰어들어왔다. 이 때 김 첨지는 수염 속으로 죽 찢어진 입을 실룩실룩하더니 무섭게 이를 악물고 두 주먹을 불끈 쥐었다. 그의 큰 눈에서는 불덩이가 왔다갔다 하였다.

"글쎄 가지 말라니까 웨 기어이 가서 그런 드러운 소리를 듣느냐 말

야. 이것아! 응?"

"누가 그럴 줄 알았소."

마누라는 주먹으로 때릴까 봐 겁이 나는 듯이 몸을 움츠렸다.

"내가 굶어 죽어 보아라! 그런 짓을 하나. 글쎄 셋째첩 넷째첩으로 딸을 팔아먹는단 말이냐? 그래 뭐라고 대답하였나! 이편은 응?"

"뭐라긴 무얼 뭐래요. 하두 기가 막혀서 아무 말두 안했지!"

"그래! 그 말을 듣고 가만히 있었단 말이야? 이년아! 그놈의 낯짝에다 침을 뱉지 못하고 응! 예이 드러운 놈! 네까짓 놈이 양반의 자식이냐 하고. 어서 가서 그래라, 어서! 네까짓 놈에게 딸을 주느니 차라리 개에게 주겠다고. 개만도 못한 놈아, 박 주사 아들놈아! 이 드러운 양반놈아! 엿다! 너는 이것이 상당하다! 하고 그놈의 낯짝에다 침을 탁 뱉어 줘라! 자 어서 가서 그래, 응! 어서 가서."

하고 그는 소리를 고래고래 지르며 마누라를 자꾸 주장질하였다.

그러나 마누라는 아무 말도 없이 그만 흑흑 느끼어 울기만 한다. 그래 점순이도 따라 울었다. 이 때 별안간,

"어."

하는 외마디 소리를 지르자 김 첨지는 쾅 하고 방바닥에 거꾸러졌다. 이 바람에 그들의 모녀는 '에구머니' 소리를 쳤다. 점순이는 한 걸음에 뛰어들며,

"아버지!"

하고 그의 몸을 얼싸안고 모친은 창황망조하여 오직 '찬물 찬물' 하였다. 그래 점순이는 얼른 냉수를 떠다가 부친의 이마에 뿜었다. 김 첨지는 고만 딱 까무러쳤다.

모녀는 어쩔 줄을 모르고 다만 사지가 벌벌 떨리었다.

점순이는 아까 순영이가 갖다 주던 좁쌀 한 되로 미음을 쑤느라고 부엌에 있었던 까닭에 그들이 수작하는 말을 낱낱이 들었었다. 그래 그는

부친의 까무러친 까닭도 잘 알 수 있었다.

이 소문이 난 뒤로는 향교말 사람들은 모두 박 주사 아들을 욕하며 점순이 집 식구를 구제하기 시작하였다. 그것이 성삼이 처까지도 그리 하였다. 아래윗동리로 돌아다니며 상놈의 반반한 계집이라고는 모조리 주워 먹던 박 주사 아들도 웬일인지 성삼이 처만은 건드리지 못하였다. 아니, 그는 벌써 언제부터 성삼이 처를 상관하려고 애써 보았지마는 서 방질 하기로 유명한 성삼이 처는 박 주사 아들이라면 고만 고개를 흔들 었다. 그것은 동리마다 박 주사 아들의 뚜쟁이가 있는데 향교말 뚜쟁이 가 박 주사 아들의 말을 넌지시 비춰 볼라치면 성삼이 처는 대번에 입 을 비쭉거리며

"그까짓 자식이 사람인가. 양반인지는 모르지마는 사람은 아닌데 무 얼!"

하고 다시는 두말도 못하게 하였다.

이 유명한 처가 우선 쌀 닷 되와 돈 열 냥을 가지고 왔다. 그래 점순 이 모친은 은근히 놀랐다. 점백이 집에서도 보리 두 말을 가져왔다. 수 돌이 집에서도 보리 한 말을 가져왔다. 이쁜이 집에서는 밀가루 두 되, 만엽이 집에서는 좁쌀 한 되. 심지어 밥 한 그릇 죽 한 사발이라도 모두 가지고 와서는 김 첨지의 고정한 마음을 칭찬하였다.

그러나 속담에 가난 구제는 나라에서도 못한다고 허구한 날에 그들 을 구제할 수 없었다. 그 날 저녁에 점동이도 일하고 돌아와서 이 소리 를 듣고는 역시 김 첨지만 못지않게 펄펄 뛰었다. 그는 자기 혼자 빌어 먹을 터이니 걱정 말라고 큰소리를 하였다. 그러나 그의 한 몸으로 온 집안 식구를 건져가기는 그야말로 하늘에 올라가서 별 따기같이 어려 운 일이었다.

김 첨지는 그 후에 다시 깨어나기는 났지마는 그 뒤로 병은 점점 더 치었다. 약 쓸 일에 무엇에 돈 쓸 일은 그전보다 몇 갑절 더 들게 되었

다. 그러나 그 역시 박 주사 아들의 말은 다시는 입 밖에 내지도 못하게 하였다.

하루는 점순이가 아버지 앞에 무릎을 꿇고 조금도 사색 없이 공손한 말로 박 주사 아들한테 시집 가지란 말을 자청해 보았다. 그러나 김 첨지는 역시 펄펄 뛰며 듣지 않았다.

"그러면 내 자식이 아니라고!"

그 후로 그의 병세는 더욱 위중하여 아주 인사불성이 되었다. 그런데 약을 써 보려야 돈 한 푼 없고 미음 한 그릇을 쑬 거리가 없었다. 그래 모친은 생병이 나서 울기만 하고 점동이가 겨우 나뭇짐을 해 팔아서 그날 그날을 간신히 지나간다.

점동이는 이를 악물고 결심하였다. 그는 자기의 한 몸이 부서지기까지 어떻게든지 자기의 힘으로 버티어 보려 하였다. 그는 밤에도 산에 가서 나무를 해 오고 날 궂은 날은 짚신도 삼아 팔았다. 조금도 쉬지 않고 일을 하였다. 그는 할 수 있는 데까지 해 보다가 만일 되지 않으면 나중에는 어떠한 짓이든지, 무슨 일이든지 해 보겠다는 마음이었다. 그는 자기의 누이를 더러운 돈에 팔아먹고 사느니보다는 차라리 도적질을 하든지 강도질을 하고 감옥에 들어가는 것이 훨씬 나으리라 생각하였다.

그러나 점순이는 또한 점순이대로 자기 한 몸을 어떻게 처치할 것을 단단히 결심하였다. 그것은 지금 다시 자기의 부모에게나 오빠에게는 박 주사 아들한테 시집가겠다는 허락은 당초에 얻을 수가 없을 줄을 밝히 알았다. 그래 그는 아무도 모르게 자기 혼자 결행하기로 하였다. 그것은 내일이라도 이 동리에 있는 박 주사 아들의 뚜쟁이에게 간단한 한마디 대답을 기별해 주면 고만이다.

그러나 점순이가 이 일을 작정하기에는 며칠을 두고 밤잠을 못 자고 그의 조그만 가슴을 태울 대로 태웠다. 그는 울기도 많이 하고 참으로 어찌해야 좋을는지 가슴이 답답하였다. 그런 자에게 자기의 한 몸을 바친다는 것은 참으로 죽기보다 쓰라린 일이었다. 만일 지금 누가 그보고 이렇게 말한다면, '내가 네 집 식구를 먹여살릴 터이니 그 대신 네가 죽어라!' 한다면 그는 선뜻 대답하였을 것이다. 그러나 지금 세상에는 그런 의협심을 가진 고마운 사람도 없다. 과연 그는 이 일만 말고는 다른 어떠한 일이라도 무서워하지 않겠다고 아무리 발버둥치고 허공을 우러러보았다마는 역시 이 일밖에는 다른 도리는 없었다. 그도저도 할 수 없다면 좌이대사나 한다지만 자기의 한 몸을 바치게 되면 그들을 구원할 수 있는데 어떻게 모르는 체할 수 있으랴? 그들의 목숨의 자물쇠는 오직 자기 한 손에만 쥐어졌다. 더구나 부친은 병석에 누워 신음하는데 미음 한 그릇을 쑬 거리가 없는 이 때가 아닌가? 아무리 할 수 없는 일이라도 —— 슬프고 또 슬프고 죽기보다 쓰라린 슬픔이라도 —— 자기는 그것을 참고 견딜 수 밖에 없다. 아니, 자기는 살다가 살 수 없거든 그 때는 자기 혼자 조용히 죽자. 비록 박 주사 아들은 말고 도척이한테라도 지금 사정으로는 갈 수밖에 없다! 하고 그는 악에 받쳐 부르짖었다.

하기는 이 근처에도 다른 부자가 없는 것은 아니다. 소위 행세한다는 양반 부자도 많다. 그러나 그들은 모르는 체하였다. 장릿벼 한 섬이나 두 섬은 그게 몇 푼어치나 되는가? 그들이 그것을 줄 생각만 있으면 가난한 집의 쌀 한줌이나 동전 한 푼 보다도 하찮고 쉬운 일인데 ——그것도 자기 부친의 고정한 심사는 여태까지 남의 것을 떼먹은 일은 없는데도, 어떻게든지 해 갚을 마음을 먹고 장릿벼를 달라는데도 —— 그들은 벼 한 톨을 주지 않았다. 그것도 더구나 이런 때에 한 집안 식구가 몰사할 지경에 벼 한 섬이나 두 섬으로 죽을 사람이 살겠다는데도 그들은 모두 모르는 체하였다. 그것은 마치 자기네는 봉황선(선유배) 타고 뱃놀이를 하면서 바로 지척에서 물에 빠져 죽어가는 사람들이 억! 억!

소리를 치며 물을 켜고 허우적거리는데도 그들은 모르는 체하고 그대로 보고 있는 것 같다. 닻줄 하나만 내리던져 주면 살겠다는데도 그들은 모르는 체하고 내려다보기만 하고 있다. 아니, 내려다보기만 하는 것이 아니라 빙글빙글 웃고 본다. 그리고 자기네의 행복을 더욱 느끼고 있다.

그렇다! 이것이 지금 세상이다. 이것이 짐승보다 낫다는 사람 사는 세상이다. 부자의 착취, 이것이 옳다 한다. 거룩한 하느님의 교회는 이것을 찬미한다. 아! 이 땅에다 어서 유황불을 던지소서! 소돔 고모라 성에다가. 아멘! 아멘!······.

점순이가 이런 생각을 한다면 그는 이 당장에 부엌으로 뛰어들어가서 식칼을 들고 나설 것이다. 그는 희미하나마 '서울댁'의 하던 말이 옳게 생각되었다. 과연 그는 이 세상이 악한 줄을 직각적으로 깨달았다. 가난은 전생의 죄얼이요 부귀는 하늘이 낸다는 말이 새빨간 거짓말로 알게 되었다. 그래 그는 서울댁과 같이 얄미운 생쥐 같은 도적놈으로 알게 되었다. 그런데 자기는 그 생쥐 같은 다라운 도적놈에게 몸을 바치지 않으면 아니되게 되었다. 깨끗한 처녀를 바치지 않으면 아니되게 되었다.

마침내 점순이는 내일 아침에 박 주사 아들에게 기별하기로 마음을 작정하였다. 그는 지금 마지막으로 이 하룻밤을 순결한 처녀의 몸으로 보내려 하였다. 아까까지도 악에 받쳐서 두 눈이 뽀송뽀송하던 그로도 별안간 이런 생각은 다시금 설움에 목메었다. 그는 하염없이 흐르는 눈물을 걷잡지 못하여 아무도 모르게 울 밖에 나와 섰다. 그것은 아무도 보지 않는 곳에서 마음 놓고 실컷 울어나 보려 함이었다.

아직 초저녁이다마는 달은 뜨려면 아직도 먼 모양! 어슴푸레한 황혼이 차차 어둠의 장막으로 싸여 가는데 적막한 산촌은 죽음의 나라같이 괴괴하였다. 그것은 자기 운명도 이 밤과 같이 점점 어두워서 앞길이 캄캄해지는 것 같다. 하늘에는 뭇별이 깜박거리고 은하수는 높직이 매달렸는데 직녀성은 견우성을 바라다보고 있다. 산뜻한 바람이 어디서 이는지 양버들 잎새를 바르르 떨리우는데 아랫말로 가는 산길이 희미하게 뒷산 잔등 위로 보인다. 억새가 바삭바삭 맞비비는 야릇하고 갑갑한 소리가 나자 무슨 새인지 '빽' 하고 외마디 소리를 지르고 날아간다. 벌써 지랑폭에는 이슬이 축축이 내리었다. 그는 이 때의 모든 것이 다만 슬픔의 상징으로 보였다. 그래 그는 하늘을 쳐다보고 울었다. 땅을 굽어보고 울었다. 산을 바라보고 울었다. 저 으슥한 숲을 보고 울었다. 그리고 아무 하소연하는 말은 나오지 않고 오직 어머니……, 아버지……, 오빠……, 하고 부르짖으며 울었다.

그런데 어느 틈에 왔는지 서울댁이 와서 자기 옆에 섰는 것을 발견하였다. 그래 그는 소스라쳐 놀라며 고개를 푹 숙이었다. 과연 그가 밤에 여기 오려니는 꿈에도 생각지 못한 일이었다.

"아! 웬일이야?"

하고 '서울댁' 은 깜짝 놀라며 묻는다.

"아니요! 저……, 저……."

하고 점순이는 고만 울음을 삼키었다. 그리고 아무렇지도 않은 표정을 지었다. 그러나 '서울댁' 도 이 소문은 벌써부터 들은 터이다. 그도 자기의 있는 돈을 몇 냥간 점동이를 갖다 준 일이 있었다.

"나두 다 아는데 무얼!"

하는 그의 말이 채 떨어지기도 전에 점순이는 와락 달려들어 그를 얼싸안고 고개를 고만 그의 가슴에다 푹 처박았다. 그리고 열정에 떨리는 목소리로

"용서해 주세요! 용서해 주세요! 부잣집 첩으로 가는……, 당신이 미워하는 ……, 박……, 박 주사 아들에게로……."

하고 그는 가늘게 부르짖는데 사내는 아무 말 없이 그를 껴안은 채 다만 멍하니 하늘을 쳐다보았다. 이 때에 하늘에서는 유성이 죽 흘렀다.

6

그 이튿날 박 주사 집에서는 벼 한 바리하고 돈 쉰 냥을 점순이 집으로 보내었다. 하인의 전갈에는 특별히 돈을 보낸 것은 병인의 약시시를 하란다고, 그런 친절한 분부가 다 있었다 한다.

그런데 점순이는 밤 동안에 아주 딴사람이 되어서 종일 가도 말 한 마디 않는 음울한 사람이 되었다. 그렇게 생기 있고 상냥하던 그의 표정이 다 어디로 가 버렸다. 김 첨지는 이런 일도 모를 만치 위독해 누웠는데 그는 이상히도 오늘부터 시룽시룽하기 시작하였다. 그는 눈을 뜰 때마다 누구든지 쳐다보일 때는

"저놈이 벼 한 섬에 부잣집 첩으로 딸을 팔아먹은 놈이야!"

하고 손가락질을 하였다. 그래도 모진 것은 목숨이다. 점순이 모친은 그 쌀로 지은 밥을 먹었다. 안 먹는다고 —— 굶어 죽어도 안 먹는다고 —— 울며불며 야단을 치던 점동이도 그 밥을 먹기 시작하였다. 하기는 점순이가 그 벼를 찧어서 얼른 밥을 지어다 놓고 지성으로 모친을 권하고 또한 오빠를 권하였었다. 그 날 점동이는 아침도 굶고 산에 가서 나무를 종일 베다가 다 저녁때 집에 돌아와 보니 점순이는 난데없는 하얀 쌀밥을 차려다 준다. 그래 행여나 무슨 수가 있었나 하고 우선 한 숟가락을 뜨며 모친에게 물어 보다가 그만 그 눈치를 채고는 숟갈을 내동댕이쳤다. 그 때 그는 엉엉 울었다. 그 때 점순이는 뛰어가서 오빠의 무릎 앞에 엎드려지며,

"오빠 용서해 줘요!"

하고 빌며 울었다. 그 길로 점동이는 머리를 싸고 드러누웠었다.

다만 모친만은 아무 말 없이 마치 혼망이가 다 빠진 사람처럼 하고 앉아서 그들을 멀거니 쳐다보았다. 그러나 그는 자기마저 어린 딸의 속을 태워서는 안되겠다 하였다. 그것은 점동이같이 하는 것은 다만 딸의

속을 자지리 태워줄 것밖에 안되는 것이라 하였다. 다만 아들딸 남매를 둔 늙은 내외는 그것들이나 잘 길러서 착실한 데로 장가나 들이고 시집을 보내서 그것들의 사는 재미로나 말년을 보내려 하였더니 아들은 스물이 가깝도록 여태 장가도 못 들이고, 딸마저 이렇게 내주게 될 줄은 참으로 꿈에도 생각지 못한 일이다. 영감의 마음씨로 보든지 자기 집안 식구는 누구나 다 같이 그렇게 악인은 아니건만 웬일인지 아무쪼록 남과 같이 살아 보려고 밤낮으로 애를 써 보아도 늘 제턱으로 가난에 허덕허덕하는 것을 생각하면 그는 전생에 무슨 죄를 지은 벌역이나 아닌가 하였다. 그런데 설상가상으로 뜻밖에 일이 생기고 해서 이렇게 누명을 입고 딸자식까지 팔아먹게 되었다. 아, 이것이 도무지 무슨 운명인가? 그는 이것을 모두 사람으로는 어찌할 수 없는 천생으로 타고난 사주팔자라 하였다. 그러면 이런 경우에 누구는 어찌하랴. 자기 한 몸이 이 당장에 칼을 물고 엎드러져 죽기는 어렵지 않은 일이다. 그러나 병든 늙은 영감하고 어린 자식들을 두고서 자기만 차마 죽을 수가 있는가? 그러면 영감도 죽는 게다! 그것들도 죽는다. 한 집안 식구가 몰사를 하고 말 것이다. 아! 참, 아 차마 그것은 못할 일이다. 그래 그 쌀로 지은 밥을 자기가 먼저 먹었다. 그는 이렇게 마음을 도슬러 먹고 자기도 먹으며 영감도 먹이었다. 그러나 불현듯 딸에게 못할 노릇을 했다. 그의 어린 가슴에다 못을 박았다는 생각이 날라치면 뼈가 저리고 간이 녹는 듯! 그는 고만 목이 메어서 밥숟갈을 내던졌다. 그러면 점순이는 얼른 달려들어 그를 얼싸안고 모친의 등을 탁탁 쳐 주며,

"어머니, 어머니! 그라시지 말어. 그러면 나도 죽을 테요!……."
하고 마주 울었다. 그러면 밥상을 앞에 놓고 모녀는 서로 얼싸안고 슬피 통곡하였다. 이런 때에 김 첨지가 눈을 떠볼 때에는 역시 손가락질을 하며,

"저놈들이 장릿벼 한 섬에 딸 팔아먹은 놈들이여!"

하고 중얼거렸다.

　아! 이게 도무지 무슨 일이냐? 그는 곰곰이 생각해 보았으나 차마 병든 영감을 굶어 죽일 수는 없었다. 죽으면 다시 살지 못할 병든 영감을……

　점동이도 또한 점동이 깐으로 이미 이 지경이 된 바에는 할 수 없다 하였다. 그는 그래도 자기의 힘으로 어떻게 버티어 보려 하였더니 점순이가 설마 그럴 줄은 몰랐다 하였다. 그러나 그는 자기 누이를 탓하지 않았다. 결국은 모든 것이 자기가 못나서 그렇다 하였다. 명색이 사내 코빼기로 생겨서 많지 않은 식구를 못 건져 가고 이 지경이 되게 한 것은 오직 자기의 못생긴 탓이라 하였다. 그러나 아무것도 배우지 못한 그로서는 하루 진종일 가서 나무를 해다가 이십 리나 되는 읍내 가서 판대야 기껏 받아야 오륙십 전에 지나지 못하였다. 하루 진종일 꼬부리고 앉아서 짚신을 삼는대야 역시 사오십 전에 불과하였다. 아! 이것으로 어떻게 한 집안 식구를 구할 수 있는가? 그래 부자가 벌어야 간신히 지내던 것을 고만 부친이 저렇게 병나고 보니 —— 더구나 농사진 것도 다 떠나가서 장릿벼도 얻어먹을 수 없고 —— 꼼짝 두수없이 굶어 죽을 수밖에는 별 수가 없다. 여북해서 점순이가 이런 맘을 먹었을까? 철모르는 저로서도 이밖에 두수가 없음을 알았음이다. 자기가 그 밥을 먹고 사는 것은 참으로 낯이 뜨뜻한 일이다. 그러나 지금의 사정으로는 어찌할 수 없는 일이 아닌가?

　그런데 순영이도 그 후 며칠 뒤에 쌀 두 섬을 미리 받아 먹은 데로 고만 가마를 타고 갔다. 가던 날 식전에 그는 점순이를 찾아와서 손목을 붙들고 흑흑 울었다. 그는 차마 점동이를 붙들고 울 수는 없어서 점순이를 보고 대신 울었음이다. 점순이도 마주 보고 눈물을 흘렸었다마는 그 후로 점동이는 마치 얼빠진 사람같이 되었다. '서울댁'도 또한 확실히 그전 같아 보이지는 않았다. 그 역(또한) 실심하니 무슨 깊은 근심이 있는 것처럼 보였다. 그러나 그의 침착하고 굳건한 신념이 있어 보이는 모양은 무슨 일을 저지르지나 않을까 하는 생각을 내게 한다. 그렇게 보이도록 그는 무섭게 침통한 얼굴로 변하였다. 물론 점순이 모친도 반실성을 하다시피, 그러나 잠시도 영감의 곁을 떠나지 않고 병구완을 지성으로 하면서 부질없이 한숨과 눈물을 짜내었다. 다만 박 주사의 아들만이 홀로 자기의 성공을 기뻐하며 어서 김 첨지의 병이 낫기를 고대하였다. 그것은 병인이 낫기만 하면 점순이를 어서 데려가려 함이었다.

7

그런데 김 첨지의 병은 점점 더하다는 소문이 났다. 그래 그는 만일 그러다가 김 첨지가 죽으면 어쩌하나 하는 겁이 펄쩍 났다. 그것은 잇속만 아는 박 주사 아들도 부모가 죽었다는대야 어찌 차마 그를 바로 데려올 수가 있으랴 하는 마음이었다. 이런 생각이 그에게 있다는 것은 참으로 생각 밖의 고마운 일이다마는 그래도 그는 이런 체면만은 볼 줄 알았다. 그것은 마음으로야 어쨌든지 겉으로는 부모를 위하는 것이 이 세상에서 제일 중대한 일인 줄을 어려서부터 많이 듣고 배운터이라 남의 부모도 역시 존중하다는 생각이 있게 하였다. 그러면 적어도 몇 달 혹은 반 년은 될 터이니 더구나 저편의 핑곗거리가 생겨서 이것으로 구실을 삼아 가지고 소상을 치르고 오느니 대상을 치르고 오느니 하면 더욱 큰일이라고. 그래 그는 점순이를 속히 데려오려 하였다.

그러나 또 한 가지 그가 이렇게 속히 점순이를 데려오고 싶은 마음이 나게 한 이유는 새로 얻어 온 첩이 벌써 마땅치 못하게 틈이 벌어진 까닭이었다. 물론 좀더 그의 사랑을 핥아 보지 않고는 그를 내박차기까지 하기는 아직 좀 이르다마는 이번 첩은 성미가 너무 괄괄하여 어떤 때는 자기를 깔보는 때까지 있단 말이다. 그래 그 분풀이로 점순이를 얼른 데려다가 이것 좀 보아라 하고 그의 기를 꺾어 놓고 싶을 뿐 아니라 저 거번에 점순이를 보니까 작년보다도 훨씬 큰 것이 아주 처녀의 티가 제법 났다. 그만하면……, 하는 생각이 더구나 그의 아리따운 자태에 그만 욕심이 부쩍 난 것이다. 그래 한편에서는 피려는 꽃송아리(꽃송이) 같은 나긋나긋한 어린 사랑을 맛보고 또 한편으로는 은근하고도 땅 속으로 끌어들이는 듯한 큰첩의 사랑을 받다가 그만 싫증이 나거든 이것 저것을 모두 후 불어세자는(따돌려 보내려는) 수작이다. 그래 그는 오늘 아침에 가마를 꾸며서 별안간 김 첨지 집으로 보내게 된 것이다.

어느덧 칠월도 다 가고 팔월 초승이 되었다. 점순이 집에서는 지금 막 아침을 치르고 난 판인데 간밤까지도 청명하던 하늘은 어느 틈에 구름이 잔뜩 낀 음랭한 날이 되었다. 이마적은 더욱 원기가 쇠진하여 미친 소리도 잘 못하는 김 첨지는 겨우 미음 한 모금을 마시고는 아랫목에서 끙끙하고 누웠는데, 그 옆에서 세 식구가 경황없이 아침이라고 치르고 났다. 모친은 오늘 아침에도 그 생각이 나서 밥도 변변히 못 먹고 세 식구가 울기만 실컷 하였는데 점동이는 그래도 나무를 하러 간다고 지금 지게를 지고 나서는 참이다. 그런데 거기에 박 주사집 하인들이 가마를 메고 싸리문 안으로 대들었다.

이 때에 점동이는 고만 얼어붙은 듯이 마치 장승같이 하고 서서 그들을 바라보았다. 모친은 별안간 눈앞이 캄캄하였다. 점순이는 그저 얼떨떨하였다. 그는 잠깐 당황하다가 다시 한 번 부친을 쳐다보던 눈을 모친에게로 옮기며,

"어머니……."

하는 한 마디 말을 간신히 입 밖으로 꺼내었다. 그리고 그는 아무 말 없이 고개를 숙이고 조용히 가마 앞으로 걸어 나갔다. 이 때에 별안간 애끓는 소리로,

"점순아! 점순아! 점순아! 점순아……."

하고 모친은 한 달음에 뛰어나와 딸의 발 앞에 고꾸라졌다.

"앗!"

하고 점동이는 뛰어들어 또 그를 얼싸안았다. 그런데 이마적은 미친 소리도 못하고 인사불성으로 드러누웠던 김 첨지가 마치 기적같이 안방 문 앞에 일어나 앉아서 바깥을 내다보며,

"저놈들이 장릿벼 한 섬에 딸을 팔어먹은 놈들이여!"

하고 손가락질을 하며 중얼거리더니 또 히히 하고 웃는다. 이 바람에 점순이는 그와 눈이 마주치며,

"아! 아버지……."

하고 다시 가늘게 부르짖으며 두 손으로 얼굴을 가리었다. 점순이가 마지막으로 그들을 휘 둘러보고 막 가마 안으로 들어앉으려 할 때 언뜻 무섭게 빛나는 두 눈동자와 마주쳤다. 그것은 지금 들어오다가 싸리문 앞에서 발이 붙어서 맥 놓고 쳐다보는 '서울댁'의 눈이었다. 점순이는 고만 가마 안으로 폭 고꾸라졌다.

　　그러나 그들의 모든 힘은 벼 두 섬 값만 못하였다! 부친의 실성과 모친의 기절과 오빠의 울음과 또한 '서울댁'의 무서운 눈도 벼 두 섬의 힘만은 못하였다! 부모의 사랑과 형제의 우애와 '서울댁'의 순결한 사랑의 힘도 벼 두 섬의 힘만은 못하였다! 벼 두 섬은 부친을 미치게 하고 딸의 가슴에 못을 박고 모친을, 오빠를, 영원히 슬프게 하고도 남았다. 그리하여 지금까지 귀엽게 길러 온 부모의 사랑도 동기간의 따뜻한 우애도 또한 인간의 행복아 어서 오너라 하고 동경하고 바라던 처녀의 꽃다운 희망도, 이 벼 두 섬 앞에는 아무 힘이 없이 물거품같이 사라지고 말았다. 그리하여 열여섯 살이나 먹도록 곱게곱게 키워 논 남의 외동딸을 박 주사 아들은 다만 벼 뺏어갈 수 있었다. 아! 그러나 벼 두 섬 값은 대체 얼마나 되는가? 점순이는 이 벼 두 섬에 팔리어서 지금 박 주사 아들 집으로 가마에 실려 갔다.

이태준

해방 전후

해방 전후

한 작가의 수기

호출장이란 것이 너무 자극적이어서 시달서라 이름을 바꾸었다고는 하나, 무슨 이름의 쪽지이든, 그 긴치 않은 심부름이란 듯이 파출소 순사가 거만하게 던지고 간, 본서에의 출두 명령은 한결같이 불쾌한 것이었다. 현 자신보다도 먼저 얼굴빛이 달라지는 아내에게는 의례건으로 심상한 체하면서도 속으로는 정도 이상 불안스러워 오라는 것이 내일 아침이지만 이 길로 가 진작 때우고 싶은 것이, 그래서 이 날은 아무 일도 손에 잡히지 않고, 밥맛이 없고, 설치는 밤잠에 꿈자리조차 뒤숭숭한 것이 소심한 편인 현으로는 '호출장' 때나 '시달서' 때나 마찬가지곤 했다.

현은 무슨 사상사가, 주의자도, 무슨 전과자도 아니었다. 시골 청년들이 어떤 사건으로 잡히어서 가택 수색을 당할 때, 그의 저서가 한두 가지 나온다든지, 편지 왕래한 것이 한두 장 불거진다든지, 서울 가서 누구를 만나 보았느냐는 심문에 현의 이름이 끌려든다든지 해서, 청년들에게 제법 무슨 사상 지도나 하고 있지 않나 하는 혐의로 가끔 오너

라 가너라 하기 시작한 것이 이젠 저들의 수첩에 준요 시찰인 정도로는
오른 모양인데 구금을 할 정도라면 당장 데려갈 것이지 호출장이니 시
달서니가 아닐 것은 짐작하면서도 번번이 불안스러웠고 더욱 이번에는
은근히 마음 쓰이는 것도 없지도 않았다. 일반 지원병 제도와 학생 특
별 지원병 제도 때문에 뜻 아닌 죽음이기보다, 뜻 아닌 살인, 살인이라
도 내 민족에게 유일한 희망을 주고 있는 중국이나 영미나 소련의 우군
을 죽여야 하는, 그리고 내 몸이 죽되 원수 일본을 위하는 죽음이 되어
야 하는, 이 모순된 번민으로 행여나 무슨 해결을 얻을까 해서 더듬고
더듬다가는 한낱 소설가인 현을 찾아와 준 청년도 한둘이 아니었다. 현
은 하루 이틀 동안에 극도의 신경 쇠약이 된 청년도 보았고 다녀간 지
한 주일 뒤에 자살하는 유서를 보내 온 청년도 있었다. 이런 심각한 민
족의 번민을 현은 제몸만이 학병 자신이 아니라 해서 혼자 뒷날을 사려

해 가며 같은 불행한 형제로서의 울분을 절제할 수는 없었다. 때로는 전혀 초면들이라 저 사람이 내 속을 떠 보려는 밀정이나 아닌가 의심하면서도, 그런 의심부터가 용서될 수 없다는 자책으로 현은 아무리 낯선 청년에게라도 일러 주고 싶은 말은 한 마디도 굽히거나 남긴 적이 없는 흥분이곤 했다. 그들을 보내고 고요한 서재에서 아직도 상기된 현의 얼굴은 그예 무슨 일을 저지르고 만 불안이었고 이왕 불안일 바엔 이왕 저지르는 바엔 이 한 걸음 한 걸음 절박해 오는 민족의 최후에 있어 좀 더 보람 있는 저지름을 하고 싶은 충동도 없지 않았으나 그 자신 아무런 준비도 없었고 너무나 오랫동안 굳어 버린 성격의 껍데기는 여간 힘으로는 저 자신이 깨트리고 솟아날 수가 없었다. 그의 최근작인 어느 단편 끝에서,

> "한 사조의 밑에 잠겨 사는 것도 한 물 밑에 사는 넋일 것이다. 상전 벽해라 일러는 오나 모든 게 따로 대세의 운행이 있을 뿐 처음부터 자갈을 날라 메꾸듯 할 수는 없을 것이다."

라고 한 구절을 되뇌면서 자기를 헐가로 규정해 버리는 쓴웃음을 지을 뿐이었다.

> "당신은 메칠 안 남았다고 하지만 특공댄지 정신댄지 고 악지 센 것들이 끝까지 일인일함으로 뻐틴다면 아모리 물자 많은 미국이라도 일본 병정 수효만치야 군함을 만들 수 없을 거요. 일본이 망하기란 하늘에 별 따기 같은 걸 기다리나보오!"

현의 아내는 이 날도 보송보송해 잠들지 못하는 남편더러 집을 팔고 시골로 가자 하였다. 시골 중에도 관청에서 동뜬 두메로 들어가 자농이라도 하면서 하루라도 마음 편하게 배불리 살다 죽자 하였다. 그런 생각은 아내가 꼬드기기 전에 현도 미리부터 궁리하던 것이나 지금 외국으로는 나갈 수 없고 어디고 일본 하늘 밑인 바에야 그야말로 민불견리 야불구폐*의 요순 때 농촌이 어느 구석에 남아 있을 것인가? 그런 도원

경이 없다 해서 언제까지나 서울서 견딜 수 있느냐 하면 그런 것도 아니고 소위 시국물이나 일문에의 전향이라면 차라리 붓을 꺾어 버리려는 현으로는 이미 생계에 꿀리는 지 오래며 앞으로 쳐다볼 것은 집밖에 없는데 집을 건드릴 바에는 곶감 꼬치로 없애기보다 시골로 가 다만 몇 마지기라도 땅을 잡아야 한다는 것이 상책이긴 하다. 그러나 성격의 껍데기를 깨치기처럼 생활의 껍데기를 갈아본다는 것도 그리 쉬운 일이 아니었다.

"좀더 정세를 봅시다."

이것이 가족들에게 무능하다는 공격을 일 년이나 두고 받아 오는 현의 태도였다.

동대문서 고등계의 현의 담임인 쓰루따 형사는 과히 인상이 험한 사나이는 아니다. 저의 주임만 없으면 먼저 조선말로 '별일은 없습니다만 또 오시래 미안합니다.' 쯤 인사도 하곤 하는데 이 날은 됫박이마에 옴팡눈인 주임이 딱 뻗치고 앉아 있어 쓰루따까지도 현의 한참씩이나 수그리는 인사는 본 체 안하고 눈짓으로 옆에 놓인 의자만 가리키었다.

현은 모자가 아직 그들과 같은 국방모 아님을 민망히 주무르면서 단정히 앉았다. 형사는 무엇 쓰던 것을 한참 만에야 끝내더니 요즘 무엇을 하느냐 물었다. 별로 하는 일이 없노라 하니 무엇을 할 작정이냐 따진다. 글쎄요 하고 없는 정을 있는 듯이 웃어 보이니 그는 힐끗 저의 주임을 돌려보았다. 주임은 무엇인지 서류에 도장 찍기에 골독해 있다. 형사는 그제야 무슨 뚜껑 있는 서류를 끄집어 내어 뚜껑으로 가리고 저만 들여다보면서 이렇게 물었다.

"시국을 위해 왜 아모것도 안하십니까?"

---

* 민불견리 야불구폐(民不見吏 夜不狗吠) '백성들은 아전들을 보지 않고 밤에는 개도 짖지 않는다.' 라는 뜻으로, 관의 수탈이 없는 평온한 세상을 가리킨다.

"나 같은 사람이 무슨 힘이 있습니까?"

"그러지 말구 뭘 좀 허십시오. 사실인즉 도 경찰부에서 현 선생 같으신 몇 분에게, 시국에 협력하는 무슨 일 한 것이 있는가? 또 하면서 있는가? 장차 어떤 방면으로 시국 협력에 가능성이 있는가? 생활비가 어디서 나오는가? 이런 걸 조사해 올리란 긴급 지시가 온겁니다."

"글쎄올시다."

하고 현은 더욱 민망해 쯔루따의 얼굴만 쳐다보는 수밖에 없었다.

"그래두 뭘 허신다구 보고가 돼야 좋을걸요? 그 허기 쉬운 창씬 왜 안허시나요?"

수속이 힘들어 못하는 줄로 딱해하는 쯔루따에게 현은 역시 이것에 관해서도 대답할 말이 없었다.

"우리 따위 하층 경관이야 뭘 알겠습니까만 인전 누구 한 사람 방관적 태도는 용서되지 않을 겁니다."

"잘 보신 말씀입니다."

현은 우선 이번의 호출도 그 강압 관념에서 불안해하던 구금이 아닌 것만 다행히 알면서 우물쭈물하던 끝에,

"그렇지 않아도 쉬 뭘 한 가지 해보려던 참입니다. 좋도록 보고해 주십시오."

하고 물러나왔고, 나오는 길로 그는 어느 출판사로 갔다. 그 출판사의 주문이기보다 그 곳 주간을 통해 나온 경무국의 지시라는, 그뿐만 아니라 문인 시국 강연회 때 혼자 조선말로 했고 그나마 마지못해 춘향전 한 구절만 읽은 것이 군에서 말썽이 되니 이것으로라도 얼른 한 가지 성의를 보여야 좋으리라는 대동아 전기의 번역을 현은 더 망설이지 못하고 맡은 것이다.

심란한 남편의 심정을 동정해 아내는 어느 날보다도 정성들여 깨끗이 치운 서재에 일본 신문의 키리누끼(오려낸 것)를 한 뭉텅이 쏟아 놓

을 때 현은 일찍 자기 서재에서 이처럼 지저분함을 느껴본 적이 없었다.

'철 알기 시작하면서부터 굴욕만으로 살아온 인생 사십, 사랑의 열락도 청춘의 영광도 예술의 명예도 우리에겐 없었다. 일본의 패전기라면 몰라 일본에 유리한 전기를 내 손으로 주무르는 건 무엇 때문인가?'

현은 정말 살고 싶었다. 살고 싶다기보다 살아 견디어 내고 싶었다. 조국의 적일 뿐 아니라 인류의 적이요 문화의 적인 나찌스의 타도를 오직 사회주의에 기대하던 독일의 한 시인은 몰로또프가 히틀러와 악수를 하고 독소 중립 조약이 성립되는 것을 보고는 그만 단순한 생각에 절망하고 자살하였다 한다.

'그 시인의 판단은 경솔하였던 것이다. 지금 독소는 싸우며 있지 않은가? 미 · 영 · 중도 일본과 싸우며 있다. 연합군의 승리를 믿자! 정의와 역사의 법칙을 믿자! 정의와 역사의 법칙이 인류를 배반한다면 그 때는 절망하여도 늦지 않을 것이다!'

현은 집을 팔지는 않았다. 구라파에서 제2전선이 아직 전개되지 않았고 태평양에서 일본군이 아직 라바울을 지킨다고는 하나 멀어야 이삼 년이겠지 하는 심산으로 집을 최대한도로 잡혀만 가지고 서울을 떠난 것이다. 그 곳의 공의(관청에 속한 의사)를 아는 것이 반연으로 강원도 어느 산읍이었다. 철도에서 팔십 리를 버스로 들어오는 곳이요, 예전엔 현감이 있던 곳이나 지금은 면소와 주재소뿐의 한적한 구읍이다. 어느 시골서나 공의는 관리들과 무관하니 무엇보다 그 덕으로 징용이나 면할까 함이요, 다음으로 잡곡의 소산지니 식량 해결을 위해서요, 그러고는 가까이 임진강 상류가 있어 낚시질로 세월을 기다릴 수 있음도 현이 그 곳을 택한 이유의 하나였다.

그러나 와서 실정에 부딪쳐 보니 이 세 가지는 하나도 탐탁한 것은 아니었다. 면사무소엔 상장이 십여 개나 걸려 있는 모범 면장으로 나라에선 상을 타나 백성에겐 그만치 원망을 사는 이 시대의 모순을 이 면장이라고 예외일 리 없어 성미가 강직해 바른말을 잘 쏘는 공의와는 사이가 일찍부터 틀린 데다가, 공의는 육 개월이나 장기간 강습으로 이내 서울 가 버리고 말았으니 징용 면할 길이 보장되지 못했고 그 외에 아는 사람이라고는 공의의 소개로 처음 지면한 향교 직원으로 있는 분인데 일 년에 단 두 번 춘추 제향 때나 고을 사람들의 기억에서 살아나는 '김 직원님' 으로는 친구네 양식은커녕 자기 식구 때문에도 손이 흰, 현실적으로는 현이나 마찬가지의, 아직도 상투가 있는 구식 노인인 선비였다.

　　낚시터도 처음 와볼 때는 지척 같더니 자주 다니기엔 거의 십 리나

되는 고달픈 길일 뿐 아니라 하필 주재소 앞을 지나야 나가게 되었고 부장님이나 순사 나리의 눈을 피하려면 길도 없는 산등성이 하나를 넘어야 되는데 하루는 우편국 모퉁이에서 넌지시 살펴보니 카네무라라는 조선 순사가 눈에 띄었다. 현은 낚시 도구부터 질겁을 해 뒤로 감추며 한 걸음 물러서 바라보니 촌사람들이 무슨 나무껍질 벗겨온 것을 면서기들과 함께 점검하는 모양이다. 웃통은 속옷 바람이나 다리는 각반을 치고 칼을 차고 회초리를 들고 이 사람 저 사람에게 거드름을 부리고 있었다. 날래 끝날 것 같지 않아 현은 이번도 다시 돌아서 뒷산등을 넘기로 하였다. 길도 없는 가닥숲을 제치며 비 뒤의 미끄러운 비탈을 한참이나 헤매어서 비로소 펑퍼짐한 중턱에 올라설 때다. 멀지 않은 시야에 곰처럼 시커먼 것이 우뚝 마주 서는 것은 순사 부장이다. 현은 산짐승에게보다 더 놀라 들었던 두 손의 낚시 도구를 이번에는 펄썩 놓아

버리었다.

"당신 어데 가오?"

현의 눈에 부장은 눈까지 부릅뜨는 것으로 보였다.

"네, 바람 좀 쏘이러요."

그제야 현은 대팻밥 모자를 벗으며 인사를 하였으나 부장은 이미 딴쪽을 바라보는 때였다. 부장이 바라보는 쪽에는 면장도 서 있었고 자세 보니 남향하여 큰 정구 코트만치 장방형으로 새끼줄이 치어져 있는데 부장과 면장의 대화로 보아 신사터를 잡는 눈치였다. 현은 말뚝처럼 우뚝이 섰을 뿐 어찌해야 좋을지 몰랐다. 놓아 버린 낚시 도구를 집어올릴 용기도 없거니와 집어 올린댔자 새끼줄을 두 번이나 넘으면서 신사터를 지나갈 용기는 더욱 없었다. 게다가 부장도 면장도 무어라고 쑤군거리며 가끔 현을 돌아다본다. 꽃이라도 있으면 한 가지 꺾어 드는 체하겠는데 패랭이꽃 한 송이 눈에 띄지 않는다. 얼마 만에야 부장과 면장이 일시에 딴 쪽을 향하는 틈을 타서 수갑에 차였던 것 같던 현의 손은 날쌔게 그 시국에 티만한 증거물들을 집어 들고 허둥지둥 그만 집으로 내려오고 만 것이다.

"아버지, 왜 낚시질 안 가구 도루 오슈?"

현은 아이들에게 대답할 말이 미처 생각나지도 않았거니와 그보다 먼저 현의 뒤를 따라온 듯한 이웃집 아이 한 녀석이,

"너희 아버지 부장헌테 들켜서 도루 온단다."

하는 것이었다.

낚시질을 못 가는 날은 현은 책을 보거나 그렇지 않으면 김 직원을 찾아갔고 김 직원도 현이 강에 나가지 않았음직한 날은 으레 찾아왔다. 상종한다기보다 모시어 볼수록 깨끗한 노인이요, 이 고을에선 엄연히 존경을 받아야 옳을 유일한 인격자요 지사였다. 현은 가끔 기인여옥이

란 이런 이를 가리킴이라 느끼었다. 기미년 삼일 운동 때 감옥살이로 서울에 끌려왔었을 뿐, 조선이 망한 이후 한 번도 자의로는 총독부가 생긴 서울엔 오기를 피한 이다. 창씨를 안하고 견디는 것은 물론, 감옥에서 나오는 날부터 다시 상투요 갓이었다. 현과는 워낙 수십 년 연장인 데다 현이 한문이 부치어 그분이 지은 시를 알지 못하고 그분이 신문학에 무관심하여 현대 문학을 논담하지 못하는 것엔 서로 유감일 뿐, 불행한 족속으로서 억천 암흑 속에 일루의 광명을 향해 남몰래 더듬는 그 간곡한 심정의 촉수만은 말하지 않아도 서로 굳게 잡히고도 남아 한두 번 만남으로 서로 간담을 비추는 사이가 되었다.

하루 저녁은 주름이 잡히었으나 정채 돋는 두 눈에 눈물이 마르지 않은 채 찾아왔다. 현은 아끼는 촛불을 켜고 맞았다.

"내 오늘 다 큰 조카 자식을 행길에서 매질을 했소."

김 직원은 그저 손이 부들부들 떨려 있었다. 조카 하나가 면서기로 다니는데 그의 매부, 즉 이분의 조카사위 되는 청년이 일본으로 징용당해 가던 도중에 도망해 왔다. 몸을 피해 처가에 온 것을 이 곳 면장이 알고 그 처남더러 잡아 오라 했다. 이 기미를 안 매부 청년은 산으로 뛰어올라갔다. 처남 청년은 경방단의 응원을 얻어 산을 에워싸고 토끼 잡듯 붙들어다 주재소로 넘기었다는 것이다.

"강박한 처남이로군!"

현도 탄식하였다.

"잡아 오지 못하면 네가 대신 가야 한다고 다짐을 받았답디다만 대신 가기루서 제 집으로 피해 온 명색이 매부 녀석을 경방단들을 끌구 올라가 돌풀매질을 하면서꺼정 붙들어다 함정에 넣어야 옳소? 지금 젊은 놈들은 쓸개가 없습넨다!"

"그러니 지금 세상에 부모기로니 그걸 어떻게 공공연히 책망하십니까?"

"분해 견딜 수가 있소! 면소서 나오는 놈을 노상이면 어떻소. 잠자코 한참 대설대(담배설대)가 끊어져 나가도록 패주었지요. 맞는 제 놈도 까닭을 알 게고 보는 사람들도 아는 놈은 알았겠지만 알면 대사요."

이 날은 현도 우울한 일이 있었다. 서울 문인 보국회에서 문인 궐기 대회가 있으니 올라오라는 전보가 온 것이다. 현에게는 엽서 한 장이 와도 먼저 알고 있는 주재소에서 장문 전보가 온 것을 모를 리 없고 일본제국의 흥망이 절박한 이 때 문인들의 궐기 대회에 밤낮 낚시질만 다니는 이자가 응하느냐 안 응하느냐는 주재소뿐 아니라 일본인이요 방공 감시 초장인 우편 국장까지도 흥미를 가진 듯, 현의 딸아이가 저녁 때 편지 부치러 나갔더니, 너희 아버지 내일 서울 가느냐 묻더라는 것이다.

김 직원은 처음엔 현더러 문인 궐기 대회에 가지 말라 하였다. 가지 말라는 말을 들으니 현은 가지 않기가 도리어 겁이 났다. 그랬는데 다음 날 두 번째 또 그다음 날 세 번째의 좌우간 답전을 하라는 독촉 전보를 받았다. 이것을 안 김 직원은 그날 일찍이 현을 찾아왔다.

"우리 따위 노혼한 것들이야 새 세상을 만난들 무슨 소용이리까만 현 공 같은 젊은이는 어떡하든 부지했다가 그예 한몫 맡아 주시오. 그러자면 웬만한 일이건 과히 뻗대지 맙시다. 징용만 면헐 도리를 해요."

그리고 이 날은 가네무라 순사가 나타나서, 이틀밖에 안 남았는데 언제 떠나느냐, 떠나면 여행 증명을 해 가지고 가야 하지 않느냐, 만일 안 떠나면 참석 안하는 이유는 무엇이냐, 나중에는, 서울 가면 자기의 회중시계 수선을 좀 부탁하겠다 하고 갔다. 현은 역시,

'살고 싶다!'

또 한 번 비명을 하고 하루를 앞두고 가네무라 순사의 수선할 시계를 맡아 가지고 궂은비 뿌리는 날 서울 문인 보국회로 올라온 것이다.

현에게 전보를 세 번씩이나 친 것은 까닭이 있었다. 얼마 전에 시국

협력을 달갑게 여기지 않는 중견층 칠팔 인을 문인 보국회 간부급 몇 사람이 정보 과장과 하루 저녁의 합석을 알선한 일이 있었는데 그 날 저녁에 현만은 참석되지 못했으므로 이번 대회에 특히 순서 하나를 맡기게 되면 현을 위해서도 생색이려니와 그 간부급 몇 사람의 성의도 드러나는 것이었다. 현더러 소설부를 대표해 무슨 진언을 하라는 것이었다. 현은 얼마 앙탈해 보았으나 나타난 이상 끝까지 뻗대지 못하고 이튿날 대회 회장으로 따라나왔다. 부민관인 회장의 광경은 어마어마하였다. 모두 국민복에 예장을 찼고 총독부 무슨 각하, 조선군 무슨 각하, 예복에, 군복에 서슬이 푸르렀고 일본 작가에 누구, 만주국 작가에 누구, 조선 문단 생긴 이후 첫 어마어마한 집회였다. 현은 시골서 낚시질 다니던 진흙 묻은 웃저고리에 바지만은 플란넬을 입었으나 국방색도 아니요, 각반도 치지 않아 자기의 복장은 시국 색조에 너무나 무감각했음이 변명할 여지가 없게 되었다. 그러나 갑자기 변장할 도리도 없어 그대로 진행되는 절차를 바라보는 동안 현은 차차 이 대회에 일종 흥미도 없지 않았다. 현이 한동안 시골서 붕어나 보고 꾀꼬리나 듣던 단순해진 눈과 귀가 이 대회에서 다시 한 번 선명하게 느낀 것은 파쇼 국가의 문화 행정의 야만성이었다. 어떤 각하짜리는 심지어 히틀러의 말 그대로 문화란 일단 중지했다가도 필요한 때엔 일조일석에 부활시킬 수 있는 것이니 문학이건 예술이건, 전쟁 도구가 못되는 것은 아낌없이 박멸하여도 좋다 하였고, 문화의 생산자인 시인이며 평론가며 소설가들도 이런 무장 각하들의 웅변에 박수 갈채할 뿐 아니라 다투어 일어서, 쓰러져 가는 문화의 옹호이기보다는 관리와 군인의 저속한 비위를 핥기에만 혓바닥의 침을 말리었다. 그리고 현의 마음을 측은케 한 것은 그 핏기 없고 살 여윈 만주국 작가의 서투른 일본말로의 축사였다. 그 익지 않은 외국어에 부자연하게 움직이는 얼굴은 작고 슬프게만 보였다. 조선 문인들의 일본말은 대개 유창하였다. 서투른 것을 보다 유창

한 것을 보니 유쾌해야 할 터인데 도리어 얄미운 것은 무슨 까닭일까? 차라리 제 소리 이외에는 옮길 줄 모르는 개나 도야지가 얼마나 명예스러우랴 싶었다. 약소 민족은 강대 민족의 말을 배우기 시작하는 것부터가 비극의 감수였던 것이다. 그렇다고 해서, 그러면 일본 작가들의 축사나 주장은 자연스럽게 보이고 옳게 생각되었느냐 하면 그것도 아니었다. 현의 생각엔 일본인 작가들의 행동이야말로 이해하기에 곤란하였다. 한때는 유종열 같은 사람은, '동포여 군국주의를 버리라. 약한 자를 학대하는 것은 일본의 명예가 아니다. 끝까지 이 인륜을 유린할 때는 세계가 일본의 적이 될 것이니 그 때는 망하는 것이 조선이 아니라 일본이 아닐 것인가?' 하고 외치었고, 한때는 히틀러가 조국이 없는 유태인들을 축방하고, 진시황처럼 번문욕례를 빙자해 철학·문학을 불지를 때 이것에 제법 항의를 결의한 문화인들이 일본에도 있지 않았는가? 그들은 지금 무엇을 하고 찍소리도 없는 것인가? 조선인이나 만주인의 경우보다는 그래도 조국이나 저희 동족에의 진정한 사랑과 의견을 외칠 만한 자유와 의무는 남아 있지 않을 것인가? 진정한 문화인의 양심이 아직 일본에 있다면 조선인과 만주인의 불평을 해결은커녕 위로조차 아니라 불평할 줄 아는 그 본능까지 마비시키려는 사이비 종교가만이 쏟아져 나오고, 저희 민족 문화의 한 발원지라고도 할 수 있는 조선의 문화나 예술을 보호는 못할망정, 야만적 관료의 앞잡이가 되어 조선어의 말살과 긴치 않은 동조론이나 국민극의 앞잡이 따위로나 나와 돌아다니는 꼴들은 반세기의 일본 문화란 너무나 허무한 것이 아닌가? 물론 그네들도 양심 있는 문화인은 상당한 수난일 줄은 안다. 그러나 너무나 태평무사하지 않은가? 이런 생각에서 펀뜻 박수 소리에 놀라는 현은, 차츰 자기도 등단해야 될, 그 만주국 작가보다 더 비극적으로 얼굴의 근육을 경련시키면서 내용이 더 쿠린 일본어를 배설해야 될 것을 깨달을 때, 또 여태껏 일본 문화인들을 비난하며 있던 제 속을 들여다볼 때 '네 자신은 무어냐? 네 자신은 무엇 하러 여기 와 앉아 있는 거냐?' 현은 무서운 꿈 속이었다. 뛰어도 뛰어도 그 자리에만 있는 꿈 속에서처럼 현은 기를 쓰고 뛰듯 해서 겨우 자리를 일었다. 일어서고 보니 걸음은 꿈과는 달라 옮겨지었다. 모자가 남아 있는 것도 의식 못하고 현은 모든 시선이 올가미를 던지는 것 같은 회장을 슬그머니 빠져 나오고 말았다.

'어찌될 것인가? 의장 가야마 선생은 곧 내가 나설 순서를 지적할 것이다. 문인 보국회 간부들은 그 어마어마한 고급 관리와 고급 군인들의 앞에서 창씨 안한 내 이름을 외치면서 찾을 것이다!'

위에서 누가 내려오는 소리가 난다. 우선 현은 변소로 들어섰다. 내려오는 사람은 절거덕절거덕 칼소리가 났다. 바로 이 부민관 식당에서 언젠가 한 번 우리 문인들에게, 너희가 황국 신민으로서 충성하지 않을 때는 이 칼이 너희 목을 용서하지 않을 것이다 하던 그도 우리 동포인 무슨 중좌인가 그자인지도 모르는데 절거덕 소리는 변소로 들어오는 눈치다. 현은 얼른 대변소 속으로 들어섰다. 한참 만에야 소변을 끝낸 칼소리의 주인공은 나가 버리었다. 그러나 그 뒤를 이어 이내 다른 구두 소리가 들어선다. 누구이든 이 속을 엿볼 리는 없을 것이나, 현은, 그 시골서 낚시질을 가던 길 산등성이에서 순사 부장과 닥뜨리었을 때처럼 꼼짝 못하겠다. 변기는 씻겨 내려가는 식이나, 상당한 무더위와 독하도록 불결한 내다. 현은 담배를 꺼내 피워 물었다. 아무리 유치장이나 감방 속이기로 이다지 좁고 이다지 더러운 공기는 아니리라 싶어 사람이 드나드는 곳치고 용무 이외에 머무르기 힘든 곳은 변소 속이라 느낄 때, 현은 쓴웃음도 나왔다. 먼 삼층 위에선 박수 소리가 울려 왔다. 그러고는 조용하다. 조용해진 지 얼마 만에야 현은 밖으로 나왔다. 그러고 맨머릿바람인 채, 다시 한 번 될 대로 되어라 하고 시내에서 그 중 동뜬 성북동에 있는 친구에게로 달려오고 만 것이다.

어찌되었든 현이 서울 다녀온 보람은 없지 않았다. 깔끔하여 인사도 제대로 받지 않으려던 가네무라 순사가 시계를 고쳐다 준 이후로는 제법 상냥해졌고, 우편 국장·순사 부장·면장들이 문인 대회에서 전보를 세 번씩이나 쳐서 불러간 현을 그전보다는 약간 평가를 높이 하는 듯, 저희 편에서도 자진해 인사를 보내게쯤 되어 이제는 그들이 보는데도 낚싯대를 어엿이 들고 지나다니게쯤 되었다.

낚시질은, 현이 사용하는 도구나 방법이 동양 것이어서 그런지는 몰라도 역시 동양적인 소견법 하나 같았다. 곤드레(낚시의 찌)가 그린 듯이 소식 없기를 오랠 때에는 그대로 강 속에 마음을 둔 채 졸고도 싶었고, 때로는 거친 목소리나마 한가락 노래도 흥얼거리고 싶은 것인데 이런 때는 신시보다는 시조나 한시를 읊는 것이 제격이었다.

소현의산각 관루사종현(小縣依山脚, 官樓似鐘懸).
관서제조리 청소낙화전(觀書啼鳥裏, 廳訴落花前).
봉박칭빈리 신한호산선(俸薄稱貧吏, 身閑號散仙).
신참조어사 월반재강변(新參釣魚社, 月半在江邊).

현이 이 곳에 와서 무엇이고 군소리를 내고 싶은 때 즐겨 읊조리는 한시다. 한번은 김 직원과 글씨 이야기를 하다가 고비 이야기가 나오고 나중에는 심심하니 동구에 늘어선 현감비들이나 구경 가자고 나섰다. 거기서 현은 가장 첫머리에 선 대산 강진의 비를 그제야 처음 보았고 이조말 사가시의 계승자라고 하는 시인 대산이 한때 이 곳 현감으로 왔던 사적을 반겨 놀라지 않을 수 없었다. 그길로 김 직원 댁으로 가서 두 권으로 된 이 〈대산집〉을 빌리어다 보니 중년작은 거의가 이 산읍에 와서 지은 것이며 현이 가끔 올라가는 만경산이며 낚시질 오는 용구소며 여조 유신 허모가 와 은둔해 있던 곳이라는 두문동이며 진작 이 시인

현감의 시제에 오르지 않은 구석이 별로 없다. 그는 일찍부터 '출재산수향 독서송계림(出宰山水鄕 讀書松桂林)'의 한퇴지의 유풍을 사모하여 이런 산수향에 수령되어왔음을 매우 만족해한 듯하다. 새 우짖는 소리 속에 책을 읽고 꽃 흩는 나무 앞에서 백성의 시비를 가리는 것이라든지, 녹은 적으나 몸 한가한 것만 신선이어서 새로 낚시꾼들에게 끼여 한 달이면 반은 강변에서 지내는 것을 스스로 호강스러워 예찬한 노래다. 벼슬살이가 이러할진댄 도연명인들 굳이 팽택령을 버렸을 리 없을 것이다. 몸이야 관직에 매였더라도 음풍영월만 할 수 있으면 문학이었고 굳이 관대를 끄르고 전원에 돌아갔으되 역시 음풍영월만이 문학이긴 마찬가지였다.

'관서제조리, 청소낙화전! 이런 운치의 정치를 못 가져봄은 현대 정치인의 불행이라 할 수 있을 것이다. 그러나 다시 이런 운치 정치로 살 수 있는 세상이 올 수 있을 것인가? 음풍영월만으로 소견 못하는 것이 현대 문인의 불행이기도 할 것이다. 그러나 마찬가지로 음풍영월이 문학일 수 있는 세상이 다시 올 수 있을 것인가? 아니 그런 세상이 올 필요나 있으며 또 그런 것이 현대 정치가나 예술가의 과연 흠모하는 생활이며 명예일 수 있을 것인가?'

현은 무시로 대산의 시를 입버릇처럼 읊조리면서도 그것은 한낱 왕조 시대의 고완품을 애무하는 것 같은 취미요. 그것이 곧 오늘 자기 문학 생활에 관련성을 가진 것이라고는 생각되지 않았다.

'그렇다고 나 자신이 걸어온 문학의 길은 어떠하였는가? 봉건 시대의 소견 문학과 얼마만한 차이를 가졌는가?'

현은 이것을 붓을 멈추고 자기를 전망할 수 있는 이 피난처에 와서야, 또는 강대산 같은 전 세대 시인의 작품을 읽고야 비로소 반성하는 것은 아니었다. 현의 아직까지의 작품 세계는 대개 신변적인 것이 많았다. 신변적인 것에 즐기어 한계를 둔 것은 아니나 계급보다 민족의 비애에 더 솔직했던 그는 계급에 편향했던 좌익엔 차라리 반감이었고 그 렇다고 일제의 조선 민족 정책에 정면 충돌로 나서기에는 현만이 아니 라 조선 문학의 진용 전체가 너무나 미약했고 너무나 국제적으로 고립 해 있었다. 가끔 품 속에 서린 현실자로서의 고민이 불끈거리지 않았음 은 아니나 가혹한 검열제도 밑에서는 오직 인종하지 않을 수 없었고 따 라 체관의 세계로밖에는 열릴 길이 없었던 것이다.

'자, 인젠 무엇을 어떻게 쓸 것인가? 일본이 망할 것은 정한 이치다. 미리 준비를 하자! 만일 일본이 망하지 않는다면? 조선은 문학이니 문화니가 문제가 아니다. 조선말은 그예 우리 민족에게서 떠나고 말 것이니 그 때는 말만이 아니라 민족 자체가 성격적으로 완전히 파산 되고 마는 최후인 것이다. 이런 끔찍한 일본 군국주의의 음모를 역사 는 과연 일본에게 허락할 것인가?'

현은 아내에게나 김 직원에게는 멀어야 이제부터 일 년이란 것을 누 누이 역설하면서도 정작 저 혼자 따져 생각할 때는 너무나 정보에 어두 워 있으므로 막연하고 불안하였다. 그러나 파시즘의 국가들이 이기기 나 하면 어쩌나 하는 불안은 이내 사라졌다. 무솔리니*의 실각, 제2전 선의 전개, 사이판의 함락, 일본 신문이 전하는 것만으로도 전쟁의 대 세는 이미 결정되어 있었다.

그렇다고 현은 붓을 들 수는 없었다. 자기가 쓰기는커녕 남의 것을 읽는 것조차 마음은 여유를 주지 않았다. 강가에 앉아 '관서제조리 청 소낙화전'은 읊조릴망정, 태서 대가들의 역작·명편은 도무지 머릿속 에 들어오지 않아, 다시 읽는 〈전쟁과 평화〉를 일 년이 걸리어도 하권

* 무솔리니(Benito Mussolini) 이탈리아의 정치가, 혁명가 (1883~1945). 히틀러와 함께 독재자의 대표적인 인물로 꼽히 고 있다.

히틀러를 만나는 무솔리니(왼쪽)

은 그예 못다 읽고 말았다. 집에 들어서기만 하면 쌀 걱정, 나무 걱정, 방바닥 뚫어진 것, 부엌 불편한 것, 신발 없는 것, 옷감 없는 것, 약 없는 것, 나중엔 삼 년은 견딜 줄 예산한 집 잡힌 돈이 일 년이 못다 되어 바닥이 났다. 징용도 아직 보장이 되지 못하였는데 남자 육십 세까지의 국민 의용대 법령이 나왔다. 하루는 주재소에서 불렀다. 여기는 시달서도 없이 소사가 와서 이르는 것이나 불안하고 불쾌하긴 마찬가지다. 다만 그 불안을 서울서처럼 궁금한 채 내일까지 기다리는 것이 아니라 그 길로 달려가 즉시 결과를 알 수 있는 것만 다행이었다.

주재소에는 들어설 수 없게 문간에까지 촌사람들로 가득하였다. 현은 자기를 부른 일과 무슨 관계가 있나 해서 가만히 눈치부터 살피었다. 농사진 밀보리는 종자도 남기지 않고 모조리 걷어들여 오고 이름만 농가라고 배급은 주지 않으니 무얼 먹고 살라느냐, 밤낮 증산이니, 무슨 공출이니 하지만 먹어야 농사도 짓고 먹어야 머루덤불도, 관솔도, 참나무 껍질도 해다 바치지 않느냐, 면에다 양식 배급을 주도록 말해 달라고 진정하러들 온 것이었다. 실실 웃기만 하고 앉았던 부장이 현을 보더니 갑자기 얼굴에 위엄을 갖추며 밖으로 나왔다.

"오늘은 낚시질 안 갔소?"

"안 갔습니다."

"당신을 경방단에도, 방공 감시에도 뽑지 않은 것은 나라를 위해서 글을 쓰라고 그냥 둔 것인데 자꾸 낚시질만 다니니까 소문이 나쁘게 나는 것이오. 내가 어제 본서에 들어갔더니, 거긴, 어떤 한가한 사람이 있어 버스에서 보면 늘 낚시질을 하니, 그게 누구냐고 단단히 말을 합디다. 인전 우리 일본 제국이 완전히 이길 때까지 낚시질은 그만둡시다."

현은,

"그렇습니까? 미안합니다."

하는 수밖에 없었다.

"그리고 당신은, 출정 군인이 있을 때마다 여기서 장행회가 있는데 한 번도 나오지 않았소?"

"미안합니다. 앞으론 나오겠습니다."

현은 몹시 우울했다.

첫 장마 지난 후, 고기들이 살도 올랐고 떼지어 활발히 이동하는 것도 이제부터다. 일 년 중 강물과 제일 즐길 수 있는 당절에 그만 금족을 당하는 것이었다. 낚시 도구는 꾸려 선반에 얹어두고, 자연 김 직원과 나 자주 만나는 것이 일이 되었다. 만나면 자연 시국 이야기요, 시국 이야기면 이미 독일도 결딴났고 일본도 벌써 적을 오키나와까지 맞아들인 때라 자연히 낙관적 관찰로서 조선 독립의 날을 꿈꾸는 것이었다.

"국호가 고려국이라고 그러셨나?"

현이 서울서 듣고 온 것을 한번 김 직원에게 이야기한 적이 있다.

"고려민국이랍디다."

"어째 고려라고 했으리까?"

"외국에는 조선이나 대한보다는 고려로 더 알려졌기 때문인가 봅니다. 직원님께선 무어라 했으면 좋겠습니까?"

"그까짓 국호야 뭐래든 얼른 독립이나 됐으면 좋겠소. 그래도 이왕이면 우리넨 대한이랬으면 좋을 것 같어."

"대한! 그것도 이조말에 와서 망할 무렵에 잠시 정했던 이름 아닙니까?"

"그렇지요. 신라나 고려나처럼 한때 그 조정이 정했던 이름이죠."

"그렇다면 지금 다시 이왕 시대가 아닐 바엔 대한이란거야 무의미허지 않습니까? 잠시 생겼다 망했다 한 나라 이름들은 말씀대로 그때그때 조정이나 임금 마음대로 같었지만 애초부터 우리 민족의 이름은 조선이 아닙니까?"

"참, 그러리다. 사기에도 고조선이니 위만조선이니 허구 조선이란 이름이야 흠뻑 오라죠. 그런데 나는 말이야……."

하고 김 직원은 누워서 피우던 담뱃대를 놓고 일어나며,

"난 그전대로 국호도 대한, 임금도 영친왕*을 모셔내다 장가나 조선 부인으루 다시 듭시게 해서 전주 이씨 왕조를 다시 한 번 모셔 보구 싶어."

하였다.

"전조가 그다지 그리우십니까?"

"그립다뿐이겠소. 우리 따위 필부가 무슨 불사이군이래서보다도 왜놈들 보는데 대한 그대로 광복을 해 가지고 이번엔 고놈들을 한번 앙 갚음을 해야 허지 않겠소?"

"김 직원께서 이제 일본으루 총독 노릇을 한번 가 보시렵니까?"

하고 둘이는 유쾌히 웃었다.

"고려 민국이건 무어건 그래 군대도 있구 연합 국간엔 승인도 받었으리까?"

"진가는 몰라도 일본에 선전 포고꺼정 허구 군대가 김일성 부하, 김원봉 부하, 이청천 부하 모다 삼십만은 넘는다는 말이 있습니다."

"삼십만! 제법 대군이로구려! 옛날엔 십만이라두 대병인데! 거 인제 독립이 돼 가지구 우리 정부가 환국할 땐 참 장관이겠소! 오래 산 보 람 있으려나보!"

하고 김 직원은 다시 담배를 피워 물었다. 그리고 그 피어오르는 연기 속에서 삼십만 대병으로 호위된 우리 정부의 복식 찬란한 헌헌장부들

* 영친왕(英親王) 조선의 마지막 황태자(1897~1970). 고종의 셋째 아들. 광무 4년(1900)에 영친왕에 봉해지고 순종 1년 황태자로 책봉되었으나, 이토 히로부미에 의해 강제로 일본에 끌려가 일본 황족의 딸과 정략 결혼을 함.

영친왕

의 환상을 그려보는 것이었다. 나중에는 감격에 가슴이 벅찬 듯 후 한숨을 쉬는 김 직원의 눈은 눈물까지 글썽해 있었다.

그 후 얼마 안 있어서다. 하루는 김 직원이 주재소에 불려 갔다. 별일은 아니라 읍에서 군수가 경비 전화를 통해 김 직원을 군청으로 들어오라는 기별이었다. 김 직원은 이튿날 버스로 칠십 리나 들어가는 군청으로 갔다. 군수는 반가이 맞아 자기 관사에서 저녁을 차리고, 김 직원에게 이런 말을 하였다.

"왜 지난달 춘천서 열린 도유생 대회엔 참석허지 않았습니까?"

"그것 때문에 부르셨소?"

"아니올시다. 더 드릴 말씀이 있습니다."

"다 허시지요."

"이왕 지나간 대회 이야기보다도……. 인전 시국이 정말 국민에게 한 사람에게도 방관할 여율 안 준다는 건 나뿐 아니라 김 직원께서도 잘 아실 겁니다. 노인께 이런 말씀을 드리는 건 미안합니다만 너무 고루하신 것 같은데 성인도 시속을 따르랬다고 대세가 그렇지 않습니다."

"그래서요?"

"이번에 전국 유도 대회를 앞두고 군에서 미리 국어와 황국 정신에 대한 강습이 있습니다. 그러니 강습에 오시는데 미안합니다만 머리를 인전 깎으시고 대회에 가실 때도 필요할 게니 국민복도 한 벌 장만하십시오."

"그 말씀뿐이오?"

"그렇습니다."

"나 유생인 건 사또께서 잘 아시리다. 신체발부는 수지부모란 성현의 말씀을 지키지 않구 유생은 무슨 유생이며 유도 대회는 무슨 유도대회겠소. 나 향교 직원 명예로 허는 것 아니오. 제향 절차 하나 제대로 살필 위인이 없으니까 그 곳 사는 후학으로서 성현께 대한 도리로 맡

어 온 것이오. 이제 머리를 깎어라, 낙치가 다 된 것더러 일본말을 배
워라, 복색을 갈어라, 나 직원 내노란 말씀이니까 잘 알아들었소이
다."

하고 나와 버린 것인데, 사흘이 못되어 다시 주재소에서 불렀다. 또 읍
에서 나온 전화 때문인데, 이번에는 경찰서에서 들어오라는 것이다. 김
직원은 그 길로 현을 찾아왔다.

"현공! 저놈들이 필시 나헌테 강압 수단을 쓸랴나보."

"글쎄올시다. 아모튼 메칠 안 남은 발악이니 충돌은 마시고 잘 모면
만 하십시오."

"불러도 안 들어가면 어떠리까?"

"그건 안됩니다. 지금 핑계가 없어서 구속을 못하는데 관명 거역이라
고 유치나 시켜 놓고 머리를 깎이면 그건 기미년 때처럼 꼼짝 못허구
당허십니다."

"옳소. 현공 말이 옳소."

하고 김 직원은 그 이튿날 또 읍으로 갔는데 사흘이 되어도 나오지 않
았고 나흘째 되던 날이 바로 '팔월 십오일'인 것이었다.

그러나 현은 라디오는커녕 신문도 이삼일이나 늦는 이 곳에서라 이
역사적 '팔월 십오일'을 아무것도 모르는 채 지나 버렸고, 그 이튿날
아침에야 서울 친구의 다만 '급히 상경하라'는 전보로 비로소 제 육감
이 없지는 않았으나 그러나 여행 증명도 얻을 겸 눈치를 보러 주재소에
갔으되, 순사도 부장도 아무런 이상이 없었을 뿐 아니라 가네무라 순사
에게 넌지시, 김 직원이 어찌되어 나오지 못하느냐 물었더니,

"그런 고집불통 영감은 한참 그런 데서 땀 좀 내야죠!"
한다.

"그럼 구금이 되셨단 말이오?"

"뭐 잘은 모릅니다. 괜히 소문내지 마슈."

하고 말을 끊는데, 모두가 변한 것이 조금도 없다.

'급히 상경하라. 무슨 때문인가?'

현은 궁금한 채 버스를 기다리는데 이 날은 버스가 정각 전에 일찍 나왔다. 이 차에도 김 직원이 나타나는 것을 보지 못하고 현은 떠나고 말았다.

버스 속엔 아는 사람도 하나 없다. 대부분이 국민복들인데 한 사람도 그럴듯한 기색은 보이지 않는다. 한 사십 리 나와 저 쪽에서 들어오는 버스와 마주치게 되었다. 이 쪽 운전수가 팔을 내밀어 저 쪽 차를 같이 세운다.

"어떻게 된 거야?"

"무에 어떻게 돼?"

"철원은 신문이 왔겠지?"

"어제 방송대루지 뭐."

"잡음 때문에 자세들 못 들었어. 그런데 무조건 정전이라지?"

두 운전수의 문답이 이에 이를 때, 누구보다도 현은 좁은 틈에서 벌떡 일어섰다.

"그게 무슨 소리들이오?"

"전쟁이 끝났답니다."

"뭐요? 전쟁이?"

"인전 끝이 났어요."

"끝! 어떻게요?"

"글쎄 그걸 잘 몰라 묻습니다."

하는데 저 쪽 운전대에서,

"결국 일본이 지구 만 거죠. 철원 가면 신문을 보십니다."

하고 차를 달려 버린다. 이 쪽 차도 갑자기 구르는 바람에 현은 펄썩 주저앉았다.

'옳구나! 올 것이 왔구나! 그 지리하던 것이……'

현은 코허리가 찌르르해 눈을 슴벅거리며 좌우를 둘러보았다. 확실히 일본 사람은 아닌 얼굴들인데 하나같이 무심들하다.

"여러분은 인제 운전수들의 대활 못 들었습니까?"

서로 두리번거릴 뿐, 한 사람도 응하지 않는다.

"일본이 지고 말았다면 우리 조선이 어떻게 될 걸 짐작들 허시겠지요?"

그제야 그것도 조선옷 입은 영감 한 분이,

"어떻게 되는 거야 어디 가겠소? 어떤 세상이라고 똑똑히 모르는 걸 입을 놀리겠소?"

한다. 아까는 다소 흥미를 가지고 지껄이던 운전수까지,

"그렇지요. 정말인지 물어 보기만도 무시무시헌걸요."

하고 그 피곤한 주름살, 그 움푹 들어간 눈으로 버스를 운전하는 표정뿐이다.

현은 고개를 푹 수그렸다. 조선이 독립된다는 감격보다도 이 불행한 동포들의 얼빠진 꼴이 우선 울고 싶게 슬펐다.

'이게 나 혼자 꿈이나 아닌가?'

현은 철원에 와서야 꿈 아닌 〈경성일보〉를 보았고, 찾을 만한 사람들을 만나 굳은 악수와 소리나는 울음을 울었다. 하늘은 맑아 박꽃 같은 구름송이, 땅에는 무럭무럭 자라는 곡식들, 우거진 녹음들, 어느 것이고 우러러 절하고 소리지르고 날뛰고 싶었다.

현은 십칠일 날 새벽, 뚜껑 없는 모래차에 모래 실리듯 한 사람 틈에 끼여 대통령에 누구, 육군 대신에 누구, 그러다가 한 정거장을 지날 때마다 목이 터지게 독립 만세를 부르며 이 날 아침 열 시에 열린다는 건국 대회에 미치지 못할까보아 초조하면서 태극기가 휘날리는 열광의

정거장들을 지나 서울로 올라왔다.

청량리 정거장을 나서니 웬일일까. 기대와는 달리 서울은 사람들도 냉정하고 태극기조차 보기 드물다. 시내에 들어서니 독 오른 일본 군인들이 일촉즉발의 예리한 무장으로 거리마다 목을 지키고 〈경성일보〉가 의연히 태연자약한 논조다.

현은 전보 쳐준 친구에게로 달려왔다. 손을 잡기가 바쁘게 건국 대회가 어디서 열리느냐 하니, 모른다 한다. 정부 요인들이 비행기로 들어왔다는데 어디들 계시냐 하니, 그것도 모른다 한다. 현은 대체 일본 항복이 사실이긴 하냐 하니, 그것만은 사실이라 한다. 현은 전신에 피곤을 느끼며 걸상에 주저앉아 그제야 여러 시간 만에 처음 정신을 가다듬었다. 그리고 이 친구로부터 팔월 십오일 이후 이틀 동안의 서울 정황을 대강 들었다.

현은 서울 정황에 불쾌하였다. 총독부와 일본 군대가 여전히 조선 민족을 명령하고 앉았는 것과 해외에서 임시 정부가 오늘 아침에 들어왔다, 혹은 오늘 저녁에 들어온다 하는 이 때 그새를 못 참아 건국에 독단적인 계획들을 발전시키며 있는 것과, 문화면에 있어서도, 현 자신은 그저 꿈인가 생시인가도 구별되지 않는 이 현혹한 찰나에, 또 문화인들의 대부분이 아직 지방으로부터 모이기도 전에, 무슨 이권이나처럼 재빨리 간판부터 내걸고 서두르는 것들이 도시 불순하고 경망해 보였던 것이다. 현이 더욱 걱정되는 것은, 벌써부터 기치를 올리고 부서를 짜고 덤비는 축들이, 전날 좌익 작가들의 대부분임을 알게 될 때, 문단 그 사회보다도 나라 전체에 좌익이 발호할 수 있는 때요, 좌익이 제멋대로 발호하는 날은 민족 상쟁 자멸의 파탄을 일으키지 않을까 하는, 위험성이었다. 현은 저 자신의 이런 걱정이 진정일진댄, 이러고만 앉았을 때가 아니라 생각되어 그 '조선 문화 건설 중앙 협의회' 란 데를 찾아갔다. 전날 구인회 시대, 〈문장〉 시대에 자별하게 지내던 친구도 몇 있었으나 아닌 게 아니라 전날 좌익이었던 작자와 평론가가 중심이었다. 마침 기초된 선언문을 수정하면서들 있었다. 현은 마음 속으로 든든히 그들을 경계하면서 그들이 초안한 선언문을 읽어 보았다. 두 번 세 번 읽어 보았다. 그리고 그들의 표정과 행동에 혹시라도 위선적인 데나 없나 엿보기를 게을리하지 않으며 적이 속으로 이상하게 생각하지 않을 수 없었다.

'이들에게 이만큼 조선 사정에 진실한 정신적 준비가 있었던가?'

현은 그들의 태도와 주장에 알고 보니 한 군데도 이의를 품을 데가 없었다. '장래 성립할 우리 정부의 문화 · 예술 정책이 서고, 그 기관이 탄생되어 이 모든 임무를 수행할 때까지, 우선, 현계단의 문화 영역의 통일적 연락과 각 부문의 질서화를 위하여'였고 '조선 문화의 해방, 조선 문화의 건설, 문화전선의 통일' 이것이 전진 구호였던 것이다. 좌우를 막론하고 민족이 나아갈 노선에서 행동통일부터 원칙을 삼아야 할 것을 현은 무엇보다 긴급으로 생각한 것이요, 좌익 작가들이 이것을 교란할까보아 걱정한 것이며 미리부터 일종의 증오를 품었던 것인데 사실인즉 알아볼수록 그것은 현 자신의 기우였었다. 아직 이 이상 구체안이 있을 수도 없는 때이나 이들로서 계급 혁명의 선수를 걸지 않는 것만은 이들로서는 주저나 자중이 아니라, 상당한 자기 비판과 국제 노선과 조선 민족의 관계를 심사 숙고한 연후가 아니고는, 이처럼 일견 단순해 보이는 태도나 원칙만엔 만족할 리가 없을 것이었다. 현은 다행한 일이라 생각하고 즐기어 그 선언에 서명을 같이하였다.

그러나 도시 마음이 놓이지는 않았다. '모든 권력은 인민에게로!' 이런 깃발과 노래만 이들의 회관에서 거리를 향해 나부끼고 울려 나왔다. 그것이 진리이긴 하나 아직 민중의 귀에만은 이른 것이었다. 바다 위로 신기루같이 황홀하게 떠들어 올 나라나, 대한이나, 정부나, 영웅들을 고대하는 민중들은, 저희 차례에 갈 권리도 거부하면서까지 화려한 환상과 감격에 더 사무쳐 있는 때이기 때문이다. 현 자신까지도 '모든 권력은 인민에게로'가 이들의 민주주의자로서가 아니라 그전 공산주의자로서의 습성에서 외침으로만 보여질 때가 한두 번 아니었고, 위고 같은 이는 이미 전 세대에 있어 '국민보다 인민에게'를 부르짖은 것을 생각할 때, 오늘 우리의 이 시대, 이 처지에서 '인민에게'란 말이 그다지 새롭거나 위험스럽게 들릴 것도 아무것도 아닌 줄 알면서도, 현은 역시 조심스러웠고, 또 현을 진실로 아끼는 친구나 선배의 대부분이, 현이 이들의 진영 속에 섞인 것을 은근히 염려하는 것이었다. 그런데다 객관적 정세는 날로 복잡다단해졌다. 임시 정부는 민중이 꿈꾸는 것 같은 위용은커녕 개인들로라도 쉽사리 나타나 주지 않았고, 북쪽에서는 소련군이 일본군을 여지없이 무찌르며 조선인의 골수에 사무친 원한을 충분히 이해해서 왜적에 대한 철저한 소탕을 개시한 듯 들리나, 미국군은 조선 민중의 기대는 모른 척하고 일본인들에게 관대한 삐라부터를 뿌리어, 아직도 총독부와 일본 군대가 조선 민중에게 '보아라 미국은 아직 일본과 상대이지 너희 따위 민족은 문제가 아니다.' 하는 자세를 부리기 좋게 하였고, 우리 민족 자체에서는 '인민 공화국'이란, 장래 해외 세력과 대립의 예감을 주는 조직이 나타났고, '조선 문화 건설 중앙 협의회'와 선명히 대립하여 '프롤레타리아 예술 연맹'이란, 좌익 문학인들만으로 문화 운동 단체가 기어이 일어나고 말았다.

  이 '프로 예맹'이 대두함에 있어, 현은 물론, '문협'에서들은, 겉으로는 '역사나 시대는 그네들의 존재 이유를 따로 허락지 않을 것이다.' 하고 비웃어 버리려 하나 속으로는 '문화 전선 통일'에 성실하면 성실한 만치 무엇보다 먼저 해결하지 않으면 안될 당면 과제의 하나였다. 현이 더욱 불쾌한 것은 '프로 예맹'의 선언 강령이 '문협' 것과 별로 다를 것이 없는 점이요, 그렇다면 과거에 좌익 작가들이, 과거에 자기들과 대립 존재였던 현을 책임자로 한 '문학 건설 본부'에 들어 있기 싫다는 표시로도 생각할 수 있는 점이다. 하루는 우익측 몇 친구가 '프로 예맹'의 출현을 기다리었다는 듯이 곧 현을 조용한 자리에 이끌었다.

"당신의 진의는 우리도 모르지 않소. 그러나 급기야 당신이 거기서 못 배겨 나리다. 수포에 돌아가리다. 결국 모모들은 당신 편이기보단 프로 예맹 편인 것이오. 나중에 당신만 지붕 쳐다보는 꼴이 될 것이니 진작 나와 우리끼리 따로 모입시다. 뭣 허러 서로 어성버성헌 속에서 챙피만 보고 계시오?"

현은 그들에게 이 기회에 신중히 생각할 여지가 있다는 것만은 수긍

하고 헤어졌다. 바로 그다음 날이다. 좌익 대중 단체 주최의 데모가 종로를 지나게 되었다. 연합 국기 중에도 맨 붉은 기뿐이요, 행렬에서 부르는 노래도 적기가다. 거리에 섰는 군중들은 모두 이 데모에 냉정하다. 그런데 '문협' 회관에서만은 열광적 박수와 환호로 이 데모에 응할 뿐 아니라, 이제 연합군 입성 환영 때 쓸 연합국기들을 다량으로 준비해 두었는데, '문협'의 상당한 책임자의 하나가 묶어 놓은 연합 국기 중에서 소련 것만을 끄르더니 한아름 안고 가 사층 위로부터 행렬 위에 뿌리는 것이다. 거리가 온통 시뻘게진다. 현은 대뜸 뛰어가 그것을 막았다. 다시 집으러 가는 것을 또 막았다.

"침착합시다."

"침착할 이유가 어디 있소?"

양편이 다같이 예리한 시선의 충돌이었다. 뿐만 아니라 옆에 섰던 젊은 작가들은 하나같이 현에게 모멸의 시선을 던지며 적기를 못 뿌리는 대신, 발까지 구르며 박수와 환호로 좌익 데모를 응원하였다. 데모가 지나간 후, 현의 주위에는 한 사람도 가까이 오지 않았다. 현은 회관을 나설 때 몹시 외로웠다. 이들과 헤어지더라도 이들 수효만 못지않은, 문학 단체건, 문화 단체건 만들 수 있다는 자신도 솟았다.

'그러나……, 그러나…….'

현은 밤새도록 궁리했다. 그 이튿날은 회관에 나오지 않았다.

'마음에 맞는 친구끼리만? 그런 구심적인 행동이 이 거대한 새 현실에서 어떤 결과를 가져올 것인가? 새 조선의 자유와 독립은 대중의 자유와 독립이라야 한다. 그들이 대중 운동에 그처럼 열성인 것을 나는 몰이해하기는커녕 도리어 그것을 배우고 그것을 추진시키는 데 티끌만치라도 이바지하려는 것이 내 양심이다. 다만 적기만 뿌리는 것이 이 순간 조선의 대중 운동이 아니며 적기 편에 선 것만이 대중의 전부가 아니란, 그것을 나는 지적하려는 것이다. 이런 내 심정을 몰라

준다면 이걸 단순히 반동으로밖에 해석할 줄 몰라준다면 어떻게 그들과 함께 일할 수 있는 것인가?

다음 날도 현은 회관으로 나가고 싶지 않아 방에서 혼자 어정거리고 있을 때다. 그 날 창밖에 데모를 향해 적기를 내어뿌리던 그 친구가 찾아왔다.

"현형! 그저껜 불쾌했지요?"

"불쾌했소."

"현형! 내 솔직한 고백이오. 적색 데모란 우리가 얼마나 두고 몽매간에 그리던 환상이리까? 그걸 현실로 볼 때, 나는 이성을 잃고 광분했던 거요. 부끄럽소. 내 열 번 경솔이었소. 그 날 현형이 아니었드면 우리 경솔은 훨씬 범위가 커졌을 거요. 우리에겐 열 사람의 우리와 똑같은 사람보다 한 사람의 현형이 절대로 필요한 거요."

그는 확실히 말끝을 떨었다. 둘이는 묵묵히 담배 한 대씩을 피우고 묵묵히 일어나 다시 회관으로 나왔다. 그 적색 데모가 있은 후로 민중은, 학생이거나 시민이거나 지식층이거나 확실히 좌우 양파로 갈리는 것 같았다. 저녁이면 현을 또 조용한 자리에 이끄는 친구들이 있었다. 현은 '문협'에서 탈퇴하기를 결단하라는 간곡한 충고를 재삼 받았으나, '문협'의 성격이 결코 그대들이 생각하는 것처럼 어느 한쪽에 편향한 것이 아닌란 것을 극구 변명하였는데, 그 이튿날 회관으로 나오니, 어제 이 친구들로부터 전화가 걸려 왔다.

"자네가 말한 건 자네 거짓말이거나, 그렇지 않으면 우리가 본 대로 자네는 저들에게 이용당하고 있는 걸세. 그 증거는, 그 회관에 오늘 아침 새로 내걸은 대서특서한 드림을 보면 알 걸세."

하고 이 쪽 말은 듣지도 않고 불쾌히 전화를 끊어 버리는 것이었다. 현은 옆엣사람들에게 묻지도 않았다. 쭈르르 밑엣층으로 내려가 행길에서 사층인 회관의 전면을 쳐다보았다. 놀라지 않을 수 없었다. 아까 현은 미처 보지 못하고 들어왔는데 옥상에서부터 이 이층까지 드리운, 광목 전폭에다가 '조선 인민 공화국 절대 지지' 란, 아직까지 어떤 표어나 구호보다 그야말로 대서특서한 것이었다. 안전 지대에 그득한 사람들, 화신 앞에 들끓는 군중들, 모두 목을 젖히고 쳐다보는 것이다. 모두가 의아하고 불안한 표정들이다. 현은 회관 사층을 십 분이나 걸려 올라왔다. 현은 다시 한 번 배신을 당하는 심각한 우울이었다. 회관에는 '문협' 의 의장도 서기장도 아직 나타나지 않았다. '문학 건설 본부' 의 서기장만이 뒤를 따라 들어서기에 현은 그의 손을 이끌고 옥상으로 올라왔다.

"이건 누가 써 내걸었소?"

"뭔데?"

부슬비가 내리는 때라 그도 쳐다보지 않고 들어왔고, 또 그런 것을 내어걸 계획에도 참예하지 못한 눈치였다.

"당신은 정말 몰랐소?"

"정말 몰랐는데! 이게 대체 누구 짓일까?"

"나도 몰라, 당신도 몰라, 한 회관에 있는 우리가 몰랐을 땐, 나오지 않는 의원들은 더 많이 몰랐을 것이오. 이건 독재요. 이러고 문화전선의 통일 운운은 거짓말이오. 나는 그 사람들 말 더 믿구 싶지 않소. 인전 물러가니 그리 아시오."

하고 돌아서는 현을, 서기장은 당황해 앞을 막았다.

"진상을 알구 봅시다."

"알아보나마나요."

"그건 속단이오."

"속단해 버려도 좋을 사람들이오. 이들이 대중 운동을 이처럼 경솔히 하는 줄은 정말 뜻밖이오."

"그래도 가만있소. 우리가 오늘 갈리는 건 우리 문화인의 자살이오!"

"왜 자살 행동을 하시오?"

하고 현은 자연 언성이 높아졌다.

　"정말이오. 나도 몰랐소. 그렇지만 이런 걸 밝히고 잘못 쏠리는 걸 바로잡는 것도 우리가 할 일 아니고 누가 할 일이란 말이오?"

하고 서기장은 눈물이 핑 도는 것이다. 그리고 그 드림 드리운 데로 달려가 광목 한 통이 비까지 맞아 무겁게 늘어진 것을 한 걸음 끌어올리고 반 걸음 끌려내려 가면서 닻줄을 감듯 전력을 들여 끌어올리고 있는 것이었다. 현도 이내 눈물을 머금었다.

　'그렇다! 나 하나 등신이라거나 이용을 당한다거나 그런 조소를 받는 것이 문제가 아니다! 그런 것에나 신경을 쓰는 건 나 자신 불성실한 표다!'

　현은 뛰어가 서기장과 힘을 합치어 그 무거운 드림을 끌어올리었다.

　나중에 알고 보니 '문협'의 의장도 서기장도 다 모르는 일이었다. 다만 서기 국원 하나가, 조선이 어떤 이름이 되든 인민의 공화국이어야 한다는 여론이 이 회관 내에 있어옴을 알던 차, '인민 공화국'이 발표되었고, 마침 미술부 선전대에서 또 무엇 그릴 것이 없느냐 주문이 있기에, 그런 드림이 으레 필요하려니 지레짐작하고 제 마음대로 원고를 써 보낸 것이요, 선전대에서는 문구는 간단하나 내용이 중요한 것이라 광목 전폭에다 내리썼고, 쓴 것이 마르면 으레 선전대에서 가지고 와 달아까지 주는 것이 그들의 책임이라 식전 일찍이 와서 달아 놓고 간 것이었다. 아침 여덟 시부터 열한 시까지 세 시간 동안 걸린 이 간단한 드림은 석 달 이상을 두고 변명해 오는 것이며, 그것 때문에 '문협' 조직체가 적지 않은 타격을 받은 것도 사실인 것이다. 그러나 이것을 계기로 전원은 아직도 여지가 있는 자기비판과 정세 판단과 '프로 예맹'과의 합동 운동을 더 진실한 태도로 착수하기 시작한 것이다.

이미 미국 군대가 들어와 일본 군대의 총리부는 우리에게서 물러섰으나 삐라가 주던 예감과 마찬가지로 미국은 그들의 군정을 포고하였다. 정당은 누구든지 나타나란 바람에 하룻밤 사이에 오륙십의 정당이 꾸미어졌고, 이승만 박사가 민족의 미칠 듯한 환호 속에 나타나 무엇보다 조선 민족이기만 하면 우선 한데 뭉치고 보자는 주장에 그 속에 틈이 있음을 엿본 민족 반역자들과 모리배들이 다시 활동을 일으키어, 뭉치는 것은 박사의 진의와는 반대의 효과로 일제 시대 비행기 회사 사장이 새로 된 것이라는 국립 항공 회사에도 부사장으로 나타나는 것 같은 일례로, 민심은 집중이 아니라 이산이요, 신념이기보다 회의의 편이 되고 말았다. 민중은 애초부터 자기 자신들의 모든 권익을 내어던지면서까지 사모하고 환상하던 임시 정부라 이제야 비록 자격은 개인으로 들어왔더라도 그 후의 기대와 신망은 그리로 쏠릴 길밖에 없었다. 그러나 개인이나 단체나 습관이란 이처럼 숙명적인 것일까? 해외에서 다년간 민중을 가져 보지 못한 임시 정부는 해내에 들어와서도, 화신 앞 같은 데서 석유 상자를 놓고 올라서 민중과 이야기할 필요는 조금도 느끼지 않고 있었다. 인공과 대립만이 예각화되고, 삼팔선은 날로 조선의 허리를 졸라만 가고, 느는 건 강도요, 올라가는 건 물가요, 민족의 장기간 흥분하였던 신경은 쇠약할 대로 쇠약해만 가는 차에 탁치 문제가 터진 것이다.

누구나 할 것이 없이 그만 냉정을 잃고 말았다. 여기저기서 탁치 반대의 아우성이 일어났다. 현도 몇 친구와 함께 반탁 강연에 나갔고 그의 강연 원고는 어느 신문에 게재도 되었다.

그러나 현은, 아니 현만이 아니라 적어도 그 날 현과 함께 반탁 강연에 나갔던 친구들은 하나같이 어정쩡했고, 이내 후회하지 않을 수 없었다. 탁치 문제란 그렇게 간단히 규정할 것이 아님을 차츰 깨닫게 되었는데, 이것을 제일 먼저 지적한 것이 조선 공산당으로, 그들의 치밀한 관찰과 정확한 정세 판단에는 감사하나, 삼상 회담 지지가 공산당에서 나왔기 때문에 일부의 오해를 더 사고 나아가선 정권 싸움의 재료로까지 악용당하는 것은 불행 중 거듭 불행이었다.

"탁치 문제에 우린 너머 경솔했소!"

"적지 않은 과오야!"

"과오? 그러나 지금 조선 민족의 심리론 그닥 큰 과오라군 헐 수 없지. 또 민족적 자존심을 이만침은 표현하는 것도 좋고."

"글쎄, 내용을 알고 자존심만 표현하는 것과 내용을 모르고 허턱 날뛰는 것관 방법이 다를 거 아니냐 말이야."

"그렇지! 조선 민족에게 단기(조급한 성질)만 있고 정치적 통찰력이 부족하다는 게 드러나니 자존심인들 무슨 자존심이냐 말이지."

"과오 없이 어떻게 일하오? 레닌 같은 사람도 과오 없인 일 못한다고 했고 과오가 전혀 없는 사람은 일 안하는 사람이라 한 거요. 우리 자신이 깨달은 이상 이 미묘한 국제 노선을 가장 효과적이게 계몽에 힘쓸 것뿐이오."

현서껀 회관에서 이런 이야기들을 하고 앉았을 때다. 이런 데는 얼리지 않는 웬 갓 쓴 노인이 들어선 것이다.

"오!"

현은 뛰어 마주 나갔다. 해방 이후, 현의 뜻 속에 있어 무시로 생각나던 김 직원의 상경이었다.

"직원님!"

"현 선생!"

"근력 좋으셨습니까?"

"좋아서 이렇게 서울 구경 왔소이다."

그러나 삼팔 이북에서라 보행과 화물 자동차에 시달리어 그런지 몹시 피로하고 쇠약해 보였다.

"언제 오셨습니까?"

"어제 왔지요."

"어디서 유허셨습니까?"

"참, 오는 길에 철원 들러, 댁에서들 무고허신 것 뵈왔지요. 매우 오시구 싶어들 합디다."

현의 가족들은 그간 철원으로 나왔을 뿐, 아직 서울엔 돌아오지 못하고 있는 것이었다.

"잘들 있으면 그만이죠."

"현공이 그저 객지시게 다른 데 유헐 곳부터 정하고 오늘 찾아왔지요. 그래 얼마나들 수고허시오?"

"저희야 무슨 수고랄 게 있습니까? 이번에 누구보다도 직원님께서 얼마나 기쁘실까 허구 늘 한 번 뵙구 싶었습니다. 그리구 그 때 읍에 가셔선 과히 욕보시지나 않으셨습니까?"

"하마트면 상투가 잘릴 뻔했는데 다행히 모면했소이다."

"참 반갑습니다."

마침 점심때도 되고 조용히 서로 술회도 하고 싶어, 현은 김 직원을 모시고 어느 구석진 음식점으로 나왔다.

"현공, 그간 많이 변허셨다구요?"

"제가요?"

"소문이 매우 변허셨다구들."

"글쎄요……."

현은 약간 우울했다. 현은 벌써 이런 경험이 한두 번째 아니기 때문이다. 해방 이전에는 막역한 지기여서 일조(만일) 유사한 때는 물을 것도 없이 동지일 것 같던 사람들이 해방 후, 특히 정치적 동향이 보수적인 것과 진보적인 것이 뚜렷이 갈리면서부터는, 말 한두 마디에 벌써 딴사람처럼 서로 경원이 생기고 그것이 대뜸 우정에까지 거리감을 자

아내는 것을 이미 누차 맛보는 것이었다.

"현공?"

"네?"

"조선 민족이 대한 독립을 얼마나 갈망했소? 임시 정부 들어서길 얼마나 연연절절히 고대했소?"

"잘 압니다."

"그런데 어쩌자구 우리 현공은 공산당으로 가셨소?"

"제가 공산당으로 갔다고들 그럽니까?"

"자자합디다. 현공이 아모래도 이용당허는 거라구."

"직원님께서도 절 그렇게 생각허십니까?"

"현공이 자진해 변했을는진 몰라, 그래두 남헌테 넘어갈 양반 아닌 건 난 알지요."

"감사헙니다. 또 변했단 것도 그렇습니다. 지금 내가 변했느니, 안 변했느니 하리만치 해방 전에 내가 제법 무슨 뚜렷한 태도를 가졌던 것도 아니구요, 원인은 해방 전에 내 친구가 대부분이 소극적인 처세가 들인 때문입니다. 나는 해방 후에도 의연히 처세만 하고 일하지 않는 덴 반댑니다."

"해방 후라고 사람의 도리야 어디 가겠소? 군자는 불처혐의간입넨다."

"전 그렇진 않습니다. 지금 이 시대에선 이하에서라고 비뚤어진 갓을 바로잡지 못하는 것은 현명이기보단 어리석음입니다. 처세주의는 저 하나만 생각하는 태돕니다. 혐의는커녕 위험이라도 무릅쓰고 일해야 될 민족의 가장 긴박한 시기라고 생각합니다."

"아모튼 사람이란 명분을 지켜야 헙니다. 우리가 무슨 공뢰 있소. 해외에서 일생을 우리 민족 위해 혈투해 온 그분들께 그냥 순종해 틀릴 게 조곰도 없습넨다."

"직원님 의향 잘 알겠습니다. 그리고 저도 그분들께 감사하고 감격하는 건 누구헌테 지지 않습니다. 그러나 지금 조선 형편은 대외·대내가 다 그렇게 단순치가 않답니다. 명분을 말씀허시니 말이지, 광해조 때 일을 생각해 보십시오. 임진란에 명의 구원을 받았지만, 명이 청 태조에게 시달리게 될 때, 이번엔 명이 조선에 구원군을 요구허지 않었습니까?"

"그게 바루 우리 조선서 대의 명분론이 일어난 시초요구려."

"임진란 직후라 조선은 명을 도와 참전할 실력은 전혀 없는데 신하들은 대의 명분상, 조선이 명과 함께 망해 버리는 한이 있더라도 그냥 있을 순 없다는 것이 명분파요, 나라는 망하고, 임군 노릇은 그만두드라도 여지껏 왜적에게 시달린 백성을 숨도 돌릴 새 없이 되짚어 도탄에 빠트릴 순 없다는 것이 택민파요, 택민론의 주창으로 몸소 폐위까지 한 것이 광해군 아닙니까? 나라들과 임군들 노름에 불쌍한 백성들만 시달려선 안된다고 자기가 왕위를 폐리같이 버리면서까지 택민론을 주장한 광해군이, 나는, 백성들은 어찌됐든지 지배자들의 명분만 찾던 그 신하들보다 몇 배 훌륭했고, 정말 옳은 지도자였다고 생각합니다. 그리고 또 의리와 명분이라 하드라도 꼭 해외에서 온 이들에게만 편향하는 이유는 어디 있습니까?"

"거야 멀리 해외에서 다년간 조국 광복을 위해 싸웠고 이십칠팔 년이나 지켜 온 고절이 있지 않소?"

"저는 그분들의 풍상을 군이 헐하게 알려는 것도 결코 아닙니다. 지역은 해외든 해내든, 진심으로 우리를 위해 꾸준히 싸워 온 이면 모도가 다같이 우리 민족의 공경을 받어 옳을 것이고, 풍상이라 혈투라 하나, 제 생각엔 실상 악형에 피가 흐르고, 추위에 손발이 얼어빠지고 한 것은 오히려 해내에서 유치장으로 감방으로 끌려다니며 싸워 온 분들이 몇 배 더 했으리라고 생각합니다. 육체적 고초뿐이 아니었습니다. 정신적으로 매수하는 가지가지 유인과 협박도 한두 번이 아니어서, 해내에서 열 번을 찍히어도 넘어가지 않고 싸워낸 투사라면 나는 그런 어른이 제일 용타고 생각합니다."

"현공은 그저 공산파만 두둔하시는군!"

"해내엔 어디 공산파만 있었습니까? 그리고 이번에 공산당이 무산계급 혁명으로가 아니라 민족의 자본주의적 민주혁명으로 이내 노선을 밝혀논 것은 무엇보다 현명했고, 그랬기 때문에 좌우익의 극단적 대립이 원칙상 용허되지 않아서 동포의 분열과 상쟁을 최소한으로 제지할 수 있는 것은 조선 민족을 위해 무엇보다 다행한 일이라고 저는 생각합니다."

"난 그게 무슨 말씀인지 잘 못 알아듣겠소만 그저 공산당 잘못입넨다."

"어서 약주나 드십시다."

"우리야 늙은 게 뭘 아오만……."

김 직원은 술이 약한 편이었다. 이내 얼굴에 취기가 돌며,

"어째 우리 같은 늙은 거기로 꿈이 없었겠소? 공산파만 가만있어 주면 곧 독립이 될 거구, 임시 정부 요인들이 다 고생허신 보람 있게 제자리에 턱턱 앉아 좀 잘 다스려 주겠소? 공연히 서로 싸우는 바람에 신탁 통치 문제가 생긴 것이오. 안 그렇고 무어요?"

하고 적이 노기를 띤다. 김 직원은, 밖에서는 소련이, 안에서는 공산당이 조선 독립을 방해하는 것이라 하였다. 이렇게 역사적 또는 국제적인 견해가 없이 단순하게, 독립 전쟁을 해 얻은 해방으로 착각하는 사람에겐 여간 기술로는 계몽이 불가능하고, 현 자신에겐 그런 기술이 없음을 깨닫자 그저 웃는 낯으로 음식을 권했을 뿐이다.

김 직원은 그 이튿날도 현을 찾아왔고 현도 그 다음 날은 그의 숙소로 찾아갔다. 현이 찾아간 날은,

"어째 당신넨 탁치 받기를 즐기시오?"

하였다.

"즐기는 게 아닙니다."

"그러면 즐겁지 않은 것도 임정에서 반탁을 허니 임정에서 허는 건 덮어놓고 반대하기 위해서 나중엔 탁치꺼지를 지지헌단 말이지요?"

"직원님께서도 상당히 과격허십니다그려."

"아니, 다 산 목숨이 그러면 삼국 외상헌테 매수돼서 탁치 지지에 잠자코 끌려가야 옳소?"

"건 좀 과허신 말씀이구! 저는 그럼, 장래가 많아서 무엇에 팔려서 삼상 회담을 지지허는 걸로 보십니까?"

그 말에는 대답이 없으나 김 직원은 현의 태도에 그저 못마땅한 눈치만은 노골화하면서 있었다. 현은 되도록 흥분을 피하며, 우리 민족의 해방은 우리 힘으로가 아니라 국제 사정의 영향으로 되는 것이니까 조선 독립은 국제성의 지배를 벗어날 수 없는 것, 삼상 회담의 지지는 탁치 자청이나 만족이 아니라 하나는 자본주의 국가요 하나는 사회주의 국가인 미국과 소련이 그 세력의 선봉들을 맞댄 데가 조선이라 국제간에 공개적으로 조선의 독립과 중립성이 보장되어야지, 급히 이름만 좋은 독립을 주어놓고 소련은 소련대로, 미국은 미국대로, 중국은 중국대로 정치·경제 모두가 미약한 조선에 지하 외교를 시작하는 날은, 다시 이조말의 아관파천식의 골육 상쟁과 멸망의 길밖에 없다는 것, 그러니까 모처럼 얻은 자유를 완전 독립에까지 국제적으로 보장되는 길을 택할 수밖에 없다는 것, 이 왕조의 대한 독립 전쟁을 해서 이긴 것이 아닌 이상, '대한', '대한' 하고 전제 제국 시대의 회고감으로 민중을 현혹시키는 것은 조선 민족을 현실적으로 행복되게 지도하는 태도가 아니라는 것, 지금 조선을 남북으로 갈라 진주해 있는 미국과 소련은 무엇으로 보나 세계에서 가장 실제적인 국가들인만치 조선 민족은 비실제적인 환상이나 감상으로가 아니라 가장 과학적이요 세계사적인 확실한 견해와 준비가 없이는 그들에게 적정한 응수를 할 수 없다는 것, 현은 재주껏 역설해 보았으나 해방 이전에는, 현 자신이 기인여옥이라 예찬한 김 직원은, 지금에 와서는 돌과 같은 완강한 머리로 조금도 현의 말을 이해하려 하지 않고, 다만 같은 조선 사람인데 '대한'을 비판하는 것만 탐탁지 않았고, 그것은 반드시 공산주의의 농간이란 자가류의 해석을 고집할 뿐이었다.

그 후 한동안 김 직원은 현에게 나타나지 않았다. 현도 바쁘기도 했지만 더 김 직원에게 성의도 나지 않아 다시는 찾아가지도 못하였다.

탁치 문제는 조선 민족에게 정치적 시련으로 너무 심각한 것이었다. 오늘 '반탁' 시위가 있으면 내일 '삼상 회담 지지' 시위가 일어났다. 그만 군중은 충돌하고, 지도자들 가운데는 이것을 미끼로 정권 싸움이 악랄해 갔다.

결국, 해방 전에 있어 민고의 수난의 십자가를 졌던 학병들이, 요행 죽지 않고 살아온 그들 속에서, 이번에도 이 불행한 민족 시련의 십자가를 지고 말았다.

이런 우울한 하루였다. 현의 회관으로 김 직원이 나타났다. 오늘 시골로 떠난다는 것이었다. 점심이나 같이 자시러 나가자 하니 그는 전과 달리 굳게 사양하였고, 아래층까지 따라 내려오는 것도 굳게 막았다. 전날 정리로 보아 작별만은 하러 들렀을 뿐, 현의 대접이나 인사는 긴치 않게 여기는 듯하였다.

"언제 서울 또 오시렵니까?"

"이런 서울 오고 싶지 않소이다. 시골 가서도 그 두문동 구석으로나 들어가겠소."

하고 뒤도 돌아다보지 않고 분연히 층계를 내려가고 마는 것이었다. 현

은 잠깐 멍청히 섰다가 바람도 쏘일 겸 옥상으로 올라왔다. 미국군의 지프가 물매미 떼처럼 서물거리는 사이에 김 직원의 흰 두루마기와 검은 갓은 그 영자 너무나 표표함이 있었다. 현은 문득 청조말의 학자 왕국유의 생각이 났다. 그가 일본에 와서 명곡에 대한 강연이 있을 때, 현도 들으러 간 일이 있는데, 그는 청나라식으로 도야지꼬리 같은 변발을 그냥 드리우고 있었다. 일본 학생들은 킬킬 웃었으나, 그의 전조에 대한 충의를 생각하고 나라 없는 현은 눈물이 날 지경으로 왕국유의 인격을 우러러보았었다. 그 뒤에 들으니, 왕국유는 상해로 갔다가 북경으로 갔다가, 아무리 헤매어도 자기가 그리는 청조의 그림자는 슬어만 갈 뿐이므로, '녹수청산부증개 우세창태석수간'*을 읊조리고는 변발 그대로 곤명호에 빠져 죽었다는 것이었다. 이제 생각하면, 청나라를 깨트린 것은 외적이 아니라 저희 민족, 저희 인민의 행복과 진리를 위한 혁명으로였다. 한 사람 군주에게 연연히 바치는 뜻갈도 갸륵한 바 없지 않으나 왕국유가 그 정성, 그 목숨을 혁명을 위해 돌리었던들, 그것은 더 큰 인생의 뜻이요 더 큰 진리의 존엄한 목숨일 수 있었을 것 아닌가? 일제시대에 그처럼 구박과 멸시를 받으면서도 끝내 부지해 온 상투 그대로, '대한'을 찾아 삼팔선을 모험해 한양성에 올라왔다가 오늘, 이 세계사의 대사조 속에 한 조각 티끌처럼 아득히 가라앉아 가는 김 직원의 표표한 뒷모양을 바라볼 때, 현은 왕국유의 애틋한 최후를 연상하지 않을 수 없었다.

바람이 아직 차나 어딘지 부드러운 벌써 봄바람이다. 현은 담배를 한 대 피우고 회관으로 내려왔다. 친구들은 '프로 예맹'과의 합동도 끝나고 이번엔 '전국 문학자 대회' 준비로 바쁘고들 있었다.

---

* 녹수청산부증개 우세창태석수간(綠水靑山不曾改, 雨洗蒼苔石獸間) '푸른 산 푸른 물은 옛 그대로 변하지 않고, 비는 석수상의 이끼를 씻는구나.' 라는 뜻으로, 세상은 변했으되 불변하는 것이 있다는 의미를 담고 있다.

달밤

성북동으로 이사 나와서 한 대엿새 되었을까, 그 날 밤 나는 보던 신문을 머리맡에 밀어 던지고 누워 새삼스럽게,

"여기도 정말 시골이로군!"

하였다. 무어 바깥이 컴컴한 걸 처음 보고 시냇물 소리와 쏴 —— 하는 솔바람 소리를 처음 들어서가 아니라 황수건이라는 사람을 이 날 저녁에 처음 보았기 때문이다. 그는 말 몇 마디 사귀지 않아서 곧 못난이란 것이 드러났다. 이 못난이는 성북동의 산들보다, 물들보다, 조그만 지름길들보다, 더 나에게 성북동이 시골이란 느낌을 풍겨 주었다.

서울이라고 못난이가 없을 리야 없겠지만 대처에서는 못난이들이 거리에 나와 행세를 하지 못하고, 시골에선 아무리 못난이라도 마음 놓고 나와 다니는 때문인지, 못난이는 시골에만 있는 것처럼 흔히 시골에서 잘 눈에 뜨인다. 그리고 또 흔히 그는 태고 때 사람처럼 그 우둔하면서도 천진스런 눈을 가지고, 자기 동리에 처음 들어서는 손에게 가장 순박한 시골의 정취를 돋워 주는 것이다.

그런데 그 날 밤 황수건이는 열 시나 되어서 우리 집을 찾아왔다.

그는 어두운 마당에서 꽥 지르는 소리로,

"아, 이 댁이 문안(사대문 안)서……."

하면서 들어섰다. 잡담 제하고 큰일이나 난 사람처럼 건넌방 문 앞으로 달려들더니,

"저, 저 문안 서대문 거리라나요. 어디선가 나오신 댁입쇼?"

한다. 보니 핫삐(상호가 찍힌 겉옷)는 안 입었으되 신문을 들고 온 것이 신문 배달부다.

"그렇소, 신문이오?"

"아, 그런 걸 사흘이나 저, 저 건너쪽에만 가 찾았습죠. 제기……."

하더니 신문을 방에 들이뜨리며,

"그런뎁쇼, 왜 이렇게 죄꼬만 집을 사구 와 곕쇼. 아, 내가 알았더면
    이 아래 큰 개와집도 많은걸입쇼……."

한다. 하 말이 황당스러 유심히 그의 생김을 내다보니 눈에 얼른 두드러지는 것이 빡빡 깎은 머리로되 보통 크다는 정도 이상으로 골이 크다. 그런데다 옆으로 보니 짱구 대가리다.

"그렇소? 아무튼 집 찾노라고 수고했소."

하니 그는 큰 눈과 큰 입이 일시에 히죽거리며,

"뭘입쇼, 이게 제 업인뎁쇼."

하고 날래 물러서지 않고 목을 길게 빼어 방 안을 살핀다. 그러더니 묻지도 않는데,

"저는입쇼, 이 동네 사는 황수건이라 합니다……."

하고 인사를 붙인다. 나도 깍듯이 내 성명을 대었다. 그는 또 싱글벙글하면서,

"댁엔 개가 없구면입쇼."

한다.

"아직 없소."
하니,
"개 그까짓 거 두지 마십쇼."
한다.
"왜 그렇소?"
물으니, 그는 얼른 대답하는 말이,
"신문 보는 집엔입쇼, 개를 두지 말아야 합니다."
한다. 이것 재미있는 말이다 하고 나는,
"왜 그렇소?"
하고 또 물었다.
"아, 이 뒷동네 은행소에 댕기는 집엔입쇼, 망아지만한 개가 있는뎁
쇼, 아, 신문을 배달할 수가 있어얍죠."
"왜?"
"막 깨물랴고 덤비는걸입쇼."
한다. 말 같지 않아서 나는 웃기만 하니 그는 더욱 신을 낸다.
"그눔의 갠 그저, 한 번, 양떡을 멕여 대야 할 텐데……."
하면서 주먹을 부르대는데 보니, 손과 팔목은 머리에 비기어 반비례로
작고 가느다랗다.
"어서 곤할 텐데 가 자시오."
하니 그는 마지못해 물러서며,
"선생님, 참 이 선생님 편안히 주무십쇼. 저이 집은 여기서 얼마 안
되는걸입쇼."
하더니 돌아갔다.
그는 이튿날 저녁, 집을 알고 오는데도 아홉 시가 지나서야,
"신문 배달해 왔습니다."
하고 소리를 치며 들어섰다.

"오늘은 왜 늦었소?"

물으니,

"자연 그럽죠."

하고 다른 이야기를 꺼냈다.

자기는 워낙 이 아래 있는 삼산 학교에서 일을 보다 어떤 선생하고 뜻이 덜 맞아 나왔다는 것, 지금은 신문 배달을 하나 원배달이 아니라 보조 배달이라는 것, 저의 집엔 양친과 형님 내외와 조카 하나와 저의 내외까지 식구 일곱이라는 것, 저의 아버지와 저의 형님의 이름은 무엇 무엇이며, 자기 이름은 황가인데다가 목숨 수자하고 세울 건자로 황수 건이기 때문에, 아이들이 노랑 수건이라고 놀리어서 성북동에서는 가 가호호에서 노랑 수건 하면, 다 자긴 줄 알리라고 자랑스럽게 이야기하다가 이 날도,

"어서 그만 다른 집에도 신문을 갖다 줘야 하지 않소?"

하니까 그 때서야 마지못해 나갔다.

우리 집에서는 그까짓 반편과 무얼 대꾸를 해 가지고 그러느냐 하되, 나는 그와 지껄이기가 좋았다. 그는 아무것도 아닌 것을 가지고 열심스럽게 이야기하는 것이 좋았고, 그와는 아무리 오래 지껄이어도 힘이 들지 않고, 또 아무리 오래 지껄이고 나도 웃음밖에는 남는 것이 없어 기분이 거뜬해지는 것도 좋았다. 그래서 나는 무슨 일을 하는 중만 아니면 한참씩 그의 말을 받아 주었다.

어떤 날은 서로 말이 막히기도 했다. 대답이 막히는 것이 아니라 무슨 말을 해야 할까 막히었다. 그러나 그는 늘 나보다 빠르게 이야깃거리를 잘 찾아냈다. 오뉴월인데도 '꿩고기를 잘 먹느냐?'고도 묻고, '양복은 저고리를 먼저 입느냐 바지를 먼저 입느냐?'고도 묻고, '소와 말과 싸움을 붙이면 어느 것이 이기겠느냐?'는 둥, 아무튼 그가 얘깃거리

를 취재하는 방면은 기상천외로 여간 범위가 넓지 않은 데는 도저히 당할 수가 없었다. 하루는 나는 '평생 소원이 무엇이냐?'고 그에게 물어보았다. 그는 '그까짓 것쯤 얼른 대답하기는 누워서 떡 먹기.'라고 하면서 평생 소원은 자기도 원배달이 한번 되었으면 좋겠다는 것이었다.

남이 혼자 배달하기 힘들어서 한 이십 부 떼어 주는 것을 배달하고, 월급이라고 원배달에게서 한 삼 원 받는 터이라, 월급을 이십여 원을 받고, 신문사 옷을 입고, 방울을 차고 다니는 원배달이 제일 부럽노라 하였다. 그리고 방울만 차면 자기도 뛰어다니며 빨리 돌 뿐 아니라 그 은행소에 다니는 집 개도 조금도 무서울 것이 없겠노라 하였다.

그래서 나는 '그럴 것 없이 아주 신문사 사장쯤 되었으면 원배달도 바랄 것 없고 그 은행소에 다니는 집 개도 상관할 바 없지 않겠느냐?' 한즉, 그는 뚱그레지는 눈알을 한참 굴리며 생각하더니 '딴은 그렇겠다.'고 하면서, 자기는 경난이 없어 거기까지는 바랄 생각도 못하였다고 무릎을 치듯 가슴을 쳤다.

그러나 신문 사장은 이내 잊어버리고 원배달만 마음에 박혔던 듯, 하루는 바깥마당에서부터 무어라고 떠들어 대며 들어왔다.

"이 선생님? 이 선생님 곕쇼? 아, 저도 내일부턴 원배달이올시다. 오늘 밤만 자면입쇼……."

한다. 자세히 물어 보니 성북동이 따로 한 구역이 되었는데, 자기가 맡게 되었으니까 내일은 배달복을 입고 방울을 막 떨렁거리며 올 테니 보라고 한다. 그리고 '사람이란 게 그렇게 무어든지 끝을 바라고 붙들어야 한다.'고 나에게 일러 주면서 신이 나서 돌아갔다. 우리도 그가 원배달이 된 것이 좋은 친구가 큰 출세나 하는 것처럼 마음 속으로 진실로 즐거웠다. 어서 내일 저녁에 그가 배달복을 입고 방울을 차고 와서 쭐렁거리는 것을 보리라 하였다.

그러나 이튿날 그는 오지 않았다. 밤이 늦도록 신문도 그도 오지 않

았다. 그 다음 날도 신문도 그도 오지 않다가 사흘째 되는 날에야, 이날
은 해도 지기 전인데 방울 소리가 요란스럽게 우리 집으로 뛰어들었다.

'어디 보자!'

하고 나는 방에서 뛰어나갔다. 그러나 웬일일까. 정말 배달복에 방울을
차고 신문을 들고 들어서는 사람은 황수건이 아니라 처음 보는 사람이다.

"왜 전엣사람은 어디 가고 당신이오?"

물으니 그는,

"제가 성북동을 맡았습니다."

한다.

"그럼, 전엣사람은 어디를 맡았소?"

하니 그는 픽 웃으며,

"그까짓 반편을 어딜 맡깁니까? 배달부로 쓸랴다가 똑똑지가 못 하
니까 안 쓰고 말았나 봅니다."

한다.

"그럼 보조 배달도 떨어졌소?"

하니,

"그럼요, 여기가 따루 한 구역이 된 걸이오."

하면서 방울을 울리며 나갔다. 이렇게 되었으니 황수건이가 우리 집에
올 길은 없어지고 말았다. 나도 가끔 문안에 다니지만, 그의 집은 내가
다니는 길 옆은 아닌 듯 길가에서도 잘 보이지 않았다.

나는 가까운 친구를 먼 곳에 보낸 것처럼, 아니 친구가 큰 사업에나
실패하는 것을 보는 것처럼, 못 만나는 섭섭뿐이 아니라 마음이 아프기
도 하였다. 그 당자와 함께 세상의 야박함이 원망스럽기도 하였다.

한데 황수건은 그의 말대로 노랑 수건이라면 온 동네에서 유명은 하
였다. 노랑 수건 하면 누구나 성북동에서 오래 산 사람이면 먼저 웃고

대답하는 것을 나는 차츰 알았다. 내가 잠깐씩 며칠 보기에도 그랬거니와 그에겐 우스운 일화도 한두 가지가 아니었다. 삼산 학교에 급사로 있을 시대에 삼산 학교에다 남겨 놓고 나온 일화도 여러 가지라는데, 그 중에 두어 가지를 동네 사람들의 말대로 옮겨 보면, 역시 그 때부터도 이야기하기를 대단 즐기어 선생들이 교실에 들어간 새, 손님이 오면 으레 손님을 앉히고는 자기도 걸상을 갖다 떡 마주 놓고 앉는 것은 물론, 마주 앉아서는 곧 자기류의 만담 삼매로 빠지는 것인데, 한 번은 도 학무국에서 시학관이 나온 것을 이 따위로 대접하였다. 일본말을 못 하니까 만담은 할 수 없고 마주 앉아서 자꾸 일본말을 연습하였다.

"센세이 히, 오하요고자이마쓰카(선생님, 안녕하세요)?…… 히히 아메가 후리마쓰(비가 옵니다). 유키가 후리마쓰카(눈이 옵니까)? 히히……."

사학관도 인정이라 처음엔 웃었다. 그러나 열 번 스무 번을 되풀이하는 데는 성이 나고 말았다. 선생들은 아무리 기다려도 종 소리가 나지 않으니까, 한 선생이 나와 보니 종 칠 것도 잊어버리고 손님과 마주 앉아서 '오하요 유키가 후리마쓰카…….' 하는 판이다.

그 날 수건이는 선생들에게 단단히 몰리고 다시는 안 그러겠노라고 했으나, 그 버릇을 고치지 못해서 그예 쫓겨나오고 만 것이다. 그는,

"너의 색시 달아난다."

하는 말을 제일 무서워했다 한다. 한번은 어느 선생이 장난의 말로,

"요즘 같은 따뜻한 봄날엔 옛날부터 색시들이 달아나기를 좋아하는데 어제도 저 아랫말에서 둘이나 달아났다니까 오늘은 이 동리에서 꼭 달아나는 색시가 있을걸……."

했더니 수건이는 점심을 먹다 말고 눈이 휘둥그레졌다 한다. 그리고 그 날 오후에는 어서 바삐 하학을 시키고 집으로 갈 양으로 오십 분 만에 치는 종을 이십 분 만에, 삼십 분 만에 함부로 다가서 쳤다는 이야기도 있다.

하루는, 나는 거의 그를 잊어버리고 있을 때,

"이 선생님 곕쇼?"

하고 수건이가 찾아왔다. 반가웠다.

"선생님, 요즘 신문이 걸르지 않고 잘 옵죠?"

하고 그는 배달 감독이나 되어 온 듯이 묻는다.

"잘 오, 왜 그류?"

한즉 또,

"늦지도 않굽쇼, 일찍이 제때마다 꼭꼭 옵죠?"

한다.

"당신이 돌를 때보다 세 시간은 일찍이 오고 날마다 꼭꼭 잘 오."

하니 그는 머리를 벅적벅적 긁으면서,

"하루라도 걸르기만 해라. 신문사에 가서 대뜸 일러바치지……."

하고 그 빈약한 주먹을 부르댄다.

"그런뎁쇼, 선생님?"

"왜 그류?"

"삼산 학교에 말씀예요. 그 제 대신 들어온 급사가 저보다 근력이 세게 생겼습죠?"

"나는 그 사람을 보지 못해서 모르겠소."

하니 그는 은근한 말소리로 히죽거리며,

"제가 거길 또 들어가 볼랴굽쇼, 운동을 합죠."

한다.

"어떻게 운동을 하오?"

"그까짓 거 날마당 사무실로 갑죠. 다시 써 달라고 졸라 댑죠. 아, 그랬더니 새 급사란 녀석이 저보다 크기도 무척 큰뎁쇼, 이 녀석이 막 불근댑니다그려. 그래 한번 쌈을 해야 할 턴뎁쇼, 그 녀석이 근력이 얼마나 센지 알아야 뎀벼들 턴뎁쇼……, 허."

"그렇지, 멋모르고 대들었다 매만 맞지."

하니 그는 한 걸음 다가서며 또 은근한 말을 한다.

"그래섭쇼, 엊저녁엔 큰 돌멩이 하나를 굴려다 삼산 학교 대문에다
났습죠. 그리구 오늘 아침에 가 보니깐 없어졌는뎁쇼. 이 녀석이 나
처럼 억지루 굴려다 버렸는지, 뻔쩍 들어다 버렸는지 그만 못 봤거든
입쇼, 제 —— 길……."

하고 머리를 긁는다. 그러더니 갑자기 무얼 생각한 듯 손뼉을 탁 치더니,

"그런뎁쇼, 제가 온 건입쇼, 댁에선 우두를 넣지 마시라구 왔습죠."

한다.

"우두를 왜 넣지 말란 말이오?"

한즉,

"요즘 마마가 다닌다구 모두 우두들을 넣는뎁쇼. 우두를 넣으면 사람
이 근력이 없어지는 법인뎁쇼."

하고 자기 팔을 걷어 올려 우두 자리를 보이면서,

"이걸 봅쇼. 저두 우두를 이렇게 넣었기 때문에 근력이 줄었습죠."

한다.

"우두를 넣으면 근력이 준다고 누가 그럽디까?"

물으니 그는 싱글거리며,

"아, 제가 생각해 냈습죠."

한다.

"왜 그렇소?"

하고 캐니,

"뭘……, 저 아래 윤금보라고 있는데 기운이 장산뎁쇼. 아, 삼산 학교
그 녀석두 우두만 넣었다면 그까짓 것 무서울 것 없는뎁쇼. 그걸 모
르겠거든입쇼……."

한다. 나는,

"그렇게 용한 생각을 하고 일러 주러 왔으니 아주 고맙소."

하였다. 그는 좋아서 벙긋거리며 머리를 긁었다.

"그래 삼산 학교에 다시 들기만 기다리고 있소?"

물으니 그는,

"돈만 있으면 그까짓 거 누가 고스카이(사환) 노릇을 합쇼. 밑천만 있으면 삼산 학교 앞에 가서 뻐젓이 장사를 할 턴뎁쇼."

한다.

"무슨 장사?"

"아, 방학될 때까지 차미(참외) 장사도 하굽쇼, 가을부턴 군밤 장사, 왜떡 장사, 습자지·도화지 장사 막 합죠. 삼산 학교 학생들이 저를 어떻게 좋아하겝쇼. 저를 선생들보다 낫게 치는뎁쇼."

한다. 나는 그 날 그에게 돈 삼 원을 주었다. 그의 말대로 삼산 학교 앞에 가서 뻐젓이 참외 장사라도 해 보라고. 그리고 돈은 남지 못하면 돌려 오지 않아도 좋다 하였다. 그는 삼 원 돈에 덩실덩실 춤을 추다시피 뛰어나갔다. 그리고 그 이튿날,

"선생님 잡수시라굽쇼."

하고 나 없는 때 참외 세 개를 갖다 두고 갔다.

그리고는 온 여름 동안 그는 우리 집에 얼른하지 않았다.

들으니 참외 장사를 해 보긴 했는데 이내 장마가 들어 밑천만 까먹었고, 또 그까짓 것보다 한 가지 놀라운 소식은 그의 아내가 달아났단 것이다. 저희끼리 금실은 괜찮았건만 동서가 못 견디게 굴어 달아난 것이라 한다. 남편만 남 같으면 따로 살림 나는 날이나 기다리고 살 것이나 평생 동서 밑에 살아야 할 신세를 생각하고 달아난 것이라 한다.

그런데 요 며칠 전이었다. 밤인데 달포 만에 수건이가 우리 집을 찾아왔다. 웬 포도를 큰 것으로 대여섯 송이를 종이에 싸지도 않고 맨 손

에 들고 들어왔다. 그는 벙긋거리며,

　"선생님 잡수라고 사 왔습죠."

하는 때였다. 웬 사람 하나가 날쌔게 그의 뒤를 따라 들어오더니 다짜고짜로 수건이의 멱살을 움켜쥐고 끌고 나갔다. 수건이는 그 우둔한 얼굴이 새하얗게 질리며 꼼짝 못하고 끌려나갔다.

　나는 수건이가 포도원에서 포도를 훔쳐 온 것을 직각하였다. 쫓아 나가 매를 말리고 포돗값을 물어 주었다. 포돗값을 물어 주고 보니 수건이는 어느 틈에 사라지고 보이지 않았다. 나는 그 다섯 송이의 포도를 탁자 위에 얹어 놓고 오래 바라보며 아껴 먹었다. 그의 은근한 순정의 열매를 먹듯 한 알을 가지고도 오래 입 안에 굴려 보며 먹었다.

　어제다. 문안에 들어갔다 늦어서 나오는데 불빛 없는 성북동 길 위에는 밝은 달빛이 깁*을 깐 듯하였다.

　그런데 포도원께를 올라오노라니까 누가 맑지도 못한 목청으로,

　"사……케……와 나……미다카 다메이……키 ……카……(술은 눈물인가 한숨인가)."

를 부르며 큰길이 좁다는 듯이 휘적거리며 내려왔다. 보니까 수건이 같았다. 나는,

　"수건인가?"

하고 아는 체하려다 그가 나를 보면 무안해할 일이 있는 것을 생각하고 휙 길 아래로 내려서 나무 그늘에 몸을 감추었다.

　그는 길은 보지도 않고 달만 쳐다보며, 노래는 그 이상도 외우지도 못하는 듯 첫 줄 한 줄만 되풀이하면서 전에는 본 적이 없었는데 담배를 다 퍽퍽 빨면서 지나갔다. 달밤은 그에게도 유감한 듯하였다.

---

* 깁 거칠게 짠, 무늬 없는 비단.

패강랭

지식인의 겨울

다락에는 제일 강산이라, 부벽루라, 빛 낡은 편액들이 걸려 있을 뿐, 새 한 마리 앉아 있지 않았다. 고요한 그 속을 들어서기가 그림이나 찢는 것 같아 현은 축대 아래로만 어정거리며 다락을 우러러본다.

질퍽하게 굵은 기둥들, 힘 내닫는 대로 밀어 던진 첨차*와 촛가지의 깎음새들, 이조의 문물다운 우직한 순정이 군데군데서 구수하게 풍겨 나온다.

다락에 비겨 대동강(패강)은 너무나 차다. 물이 아니라 유리 같은 것이 부벽루에서도 한 뼘처럼 들여다보인다. 푸르기는 하면서도 마름(수초)의 포기 포기 흐늘거리는 것, 조약돌 사이 사이가 미꾸리라도 한 마리 엎디었기만 하면 숨쉬는 것까지 보일 듯싶다. 물은 흐르는 소리도 없다. 수도국 다리를 빠져, 청류벽을 돌아서는 비단필이 훨쩍 펼쳐진 듯 질펀하게 깔려 나갔는데 하늘과 물은 함께 저녁놀에 물들어 아득한

---

* 첨차 처마의 가장자리를 막은 곳.

장미꽃밭으로 사라져 버렸다. 연광정 앞으로부터 까뭇까뭇 널려 있는 마상이*와 수상선들, 하나도 움직여 보이지 않는다.

끝없는 대동벌에 점점이 놓인 구릉들과 함께 자못 유구한 맛이 난다.

현은 피우던 담배를 내어던지고 저고리 단추를 여미었다. 단풍은 이제부터 익기 시작하나 날씨는 어느덧 손이 시리다.

'조선 자연은 왜 이다지 슬퍼 보일까?'

현은 부여에 가서 낙화암이며 백마강의 호젓함을 바라보던 생각이 난다.

현은 평양이 십여 년 만이다. 소설에서 평양 장면을 쓰게 될 때마다 이번에는 좀 새로 가 보고 써야, 스케치를 해 와야 하고 벼르기만 했지, 한 번도 그래서 와 보지는 못하였다. 소설을 위해서뿐 아니라 친구들도 가끔 놀러 오라는 편지가 있었다. 학창 때 사귄 벗들로, 이 곳 부회 의원이요 실업가인 김도 있고, 어느 고등 보통 학교에서 조선어와 한문을 가르치는 박도 있건만, 그들의 편지에 한 번도 용기를 내어 본 적은 없었다. 이번에 받은 박의 편지는 놀러 오라는 말이 있던 편지보다 오히려 현의 마음을 끌었다. —— 내 시간이 반이 없어진 것은 자네도 짐작할걸세. 편안하긴 허이. 그러나 전임으론 나가 주고 시간으로나 다녀 주기를 바라는 눈칠세. 나머지 시간이라야 그리 오래 지탱돼 나갈 학과 같지는 않네. 그것마저 없어지는 날 나도 그 때 아주 손을 씻어 버리려 아직은 지싯지싯 붙어 있네. —— 하는 사연을 읽고는 갑자기 박을 가 만나 주고 싶었다. 만나야만 할 말이 있는 것은 아니지만 손이라도 한 번 잡아 주고 싶어 전보만 한 장 치고 훌쩍 떠나 내려온 것이다.

정거장에 나온 박은 수염도 깎은 지 오래어 터부룩한데다 버릇처럼

---

* 마상이 통나무로 만든 작은 배.

자주 찡그려지는 비웃는 웃음은 전에 못 보던 표정이었다. 그 다니는 학교에서만 지싯지싯 붙어 있는 것이 아니라 이 시대 전체에서 긴치 않게 여기는, 지싯지싯 붙어 있는 존재 같았다. 현은 박의 그런 지싯지싯함에서 선뜻 자기를 느끼고 또 자기의 작품들을 느끼고 그만 더 울고 싶게 괴로워졌다.

한참이나 붙들고 섰던 손목을 놓고, 그들은 우선 대합실로 들어왔다. 할 말은 많은 듯하면서도 지껄여 보고 싶은 말은 골라낼 수가 없었다.

이내 다시 일어나 현은,

"나 좀 혼자 걸어 보구 싶네."

하였다. 그래서 박은 저녁에 김을 만나 가지고 대동강가에 있는 동일관이란 요정으로 나오기로 하고 현만이 모란봉으로 온 것이다.

오면서 자동차에서 시가도 가끔 내다보았다. 전에 본 기억이 없는 새 빌딩들이 꽤 많이 늘어섰다. 그 중에 한 가지 인상이 깊은 것은 어느 큰 거리 한 뿌다귀(모퉁이)에 벽돌 공장도 아닐 테요 감옥도 아닐 터인데 시뻘건 벽돌만으로, 무슨 큰 분묘와 같이 된 건축이 웅크리고 있는 것이다. 현은 운전수에게 물어보니, 경찰서라고 했다.

또 한 가지 이상하다 생각한 것은 그림자도 찾을 수 없는, 여자들의 머릿수건이다. 운전수에게 물으니 그는 없어진 이유는 말하지 않고,

"거, 잘 없어졌죠. 이젠 평양두 서울과 별루 지지 않습니다."

하는, 매우 자긍하는 말투였다.

현은 평양 여자들의 머릿수건이 보기 좋았다. 단순하면서도 흰 호접과 같이 살아 보였고, 장미처럼 자연스런 무게로 한 송이 얹힌 댕기는, 그들의 악센트 명랑한 사투리와 함께 '피양내인'들만이 가질 수 있는 독특한 아름다움이었다. 그런 아름다움을 그 고장에 와서도 구경하지 못하는 것은, 평양은 또 한 가지 의미에서 폐허라는 서글픔을 주는 것이었다.

현은 을밀대로 올라갈까 하다 비행장을 경계함인 듯, 총에 창을 꽂아 든, 병정이 섰는 것을 발견하고는 그냥 강가로 내려오고 말았다. 마침 놀잇배 하나가 빈 채로 내려오는 것을 불렀다. 주암산까지 올라갔다가 내려오자니까 거기는 비행장이 가까워 못 올라가게 한다고 한다. 그럼 노를 젓지는 말고 흐르는 대로 동일관까지 가기로 하고 배를 탔다.

나뭇잎처럼 물 가는 대로만 떠가는 배는 낙조가 다 꺼져 버리고 강물이 어두워서야 동일관에 닿았다.

이 요릿집은 강물에 내민 바위를 의지하고 지어졌다. 뒷문에 배를 대고 풍악 소리 높은 밤 정자에 오르는 맛은, 비록 마음 어두운 현으로도 저윽 흥취 도연해짐을 아니 느낄 수 없다.

'먹을 줄 모르는 술이나 이번에 사양치 말고 받아 먹자! 박을 위로해 주자!'
생각했다.

박은 김을 데리고 와 벌써 두 기생으로 더불어 자리를 잡고 있었다. 김의 면도 자리 푸른 살진 볼과 기생들의 가벼운 옷자락을 보니 현은 기분이 다시 한 번 개인다.

"이 사람 자네두 김 군처럼 면도나 좀 하구 올 게지?"

"히, 저런 색시들 반허게!"
하고 박은 씩 웃는다.

"그래 요즘 어떤가? 우리 김 부회 의원 나리?"

"이 사람 오래간만에 만나 히야카시(놀리기)부턴가?"

"자넨 참 늙지 않네그려! 우리 서울서 재작년에 만났던가?"

"그렇지 아마……. 내 그 때 도시 시찰로 내지(일본) 다녀오던 길이니까……."

"참 자넨 서평양인지 동평양인지서 땅 노름에 돈 좀 잡았다데그려?"

"흥, 이 사람! 선비가 돈 말이 하관고?"

"별수 있나? 먹어야 배부르지."

"먹게. 오늘 저녁엔 자네가 못 먹나 내가 못 먹이나 한번 해 보세."

"난 옆에서 경평 대항전 구경이나 할까?"

"저희들은 응원하구요."

기생들도 박과 함께 말참여를 시작한다.

"시굴 기생들 우숩지?"

"우숩다니? 기생엔 여기가 서울 아닌가. 금수강산 정기들이 다르네!"

기생들은 하나는 방긋 웃고, 하나는 새침한다. 방긋 웃는 기생을 보니, 현은 문득 생각나는 기생이 하나 있다.

"여보게들?"

"그래."

"벌써 열둬 해 됐네그려. 그 때 나 왔을 때 저 능라도에 가 어죽 쒀 먹던 생각 안 나?"

"벌써 그렇게 됐나, 참."

"그 때 그 기생이 이름이 뭐드라? 자네들 생각 안 나나?"

"오, 그렇지!"

비스듬히 벽에 기대었던 김이 놀라 일어나더니

"이거 정작 부를 기생은 안 불렀네그려!"

하고 손뼉을 친다.

"아니, 그 기생이 여태 있나?"

"살았지 그럼."

"기생 노릇을 여태 해?"

"암 ——."

"오 —— 라!"

하고, 박도 그제야 생각나는 듯이 무릎을 친다.

그 때도 현이 서울서 내려와서 이 세 사람이 능라도에 어죽놀이를 차렸다. 한 기생이 특히 현을 따라, 그 때만 해도 문학 청년 기분이던 현은 영월의 손수건에 시를 써 주고 둘이만 부벽루를 배경으로 하고 사진을 다 찍고 하였었다.

"아니, 지금 나이 몇 살일 텐데, 아직 기생 노릇을 해? 난 생각은 나두 이름은 잊었네."

"그러게 이번엔 자네가 제발 좀 데리구 올라가게."

"누군데요?"

하고 기생들이 묻는다.

"참, 이름이 뭐드라?"

박도,

"이름은 나도 생각이 안 나는걸……."

하는데 보이가 온다.

"기생, 제일 오랜 기생, 제일 나이 많은 기생이 누구냐?"

보이는 멀뚱히 생각하더니 댄다.

"관옥인가요? 영월인가요?"

"오! 영월이다 영월이. 곧 불러라."

현은 적이 으쓱해진다. 상이 들어왔다. 술잔이 돌아간다.

"그간 술 좀 뱃나?"

박이 현에게 잔을 보내며 묻는다.

"웬걸……. 술이야 고학할 수 있던가, 어디……."

"망할 자식, 가긍허구나! 허긴 너희 따위들이 밤낮 글 써야 무슨 덕분에 술 차례가 가겠니! 오늘 내 신세지……."

"아닌 게 아니라 ……."

하고 김이 또 현에게 잔을 내밀더니,

"현 군도 인젠 방향 전환을 허게."

한다.

"방향 전환이라니?"

"거 누구? 뭐래던가 동경 가 글 쓰는 사람 있지?"

"있지."

"그 사람 선견이 있는 사람야!"

하고 김은 감탄한다.

"이 자식아! 잔이나 받아라. 듣기 싫다."

하고 현은 김의 잔을 부리나케 마시고 돌려 보낸다.

　박이 다 눈두덩을 내리쓸도록 모두 얼근해진 뒤에야 영월이가 들어섰다. 흰 저고리, 옥색 치마, 머리도 가르마만 약간 옆으로 탔을 뿐, 시체* 기생들처럼 물들이거나 지지거나 하지 않았다. 미닫이 밑에 사뿐히 앉더니 좌석을 휙 둘러본다. 김과 박은 어쩌나 보느라고 아무 말도 않고 영월과 현의 태도만 번갈아 살핀다. 영월의 눈은 현에게서 무심히 스쳐 지나 박을 넘어 뛰어 김에게 머무르더니,

"영감 오래간만이외다그려."

하고 씽긋 웃는다.

"허! 자네 눈두 인전 무뎄네그려! 자넬 반가워할 사람은 내가 아냐."

"기생이 정말 속으로 반가운 손님한텐 인살 안한답니다."

하고 슬쩍 다시 박을 거쳐 현에게 눈을 옮긴다.

"과연 명기로군! 척척 받음수가……."

하고 김이 먼저 잔을 드니 영월은 선뜻 상머리에 나앉으며 술병을 든다.

　웃은 지 오래나 눈 속은 그저 웃는 것이 옛 모습일 뿐, 눈시울에 거무스름하게 그림자가 깃들인 것이나 볼이 홀쭉 꺼진 것이나, 입술이 까시시 메마른 것은 너무나 세월이 자국을 깊이 남기고 지나갔다.

---

* **시체**(時體) 세상에 흔한.

"자네, 나 모르겠나?"

현이 담배를 끄며 묻는다.

"어서 잔이나 드시라우요."

잔을 드는 현과 눈이 마주치자 영월은 술이 넘는 것도 모르고 얼굴을 붉힌다.

"자네도 세상살이가 고단한 걸세그려?"

"피차 일반인가 봅니다. 언제 오셨나요?"

하고 현이 마시고 주는 잔에 가득히 붓는 대로 영월도 사양하지 않고 받아 마신다.

"전엔 하얀 나비 같은 수건을 썼더니……."

"참, 수건이 도루 쓰고퍼요."

"또 평양말을 더 또렷또렷하게 잘했었는데……."

"손님들이 요샌 서울말을 해야 좋아한답니다."

"그깟놈들……. 그런데 박 군? 어째 평양 와 수건 쓴 걸 볼 수 없나?"

"건 이 김 부회 의원 영감께 여쭤볼 문젤세. 이런 경세가들이 금령을 내렸다네."

"그렇다드군 참!"

"누가 아나, 빌어먹을 자식들……."

"이 자식들아, 너희야말루 빌어먹을 자식들인 게……, 그까짓 수건 쓴 게 보기 좋을 건 뭐며, 이 평양부 내만 해두 일 년에 그 수건값허구 당기(댕기)값이 얼만지 알기나 허나들?"

하고 김이 당당히 허리를 펴고 나앉는다.

"백만 원이면? 문화 가치를 모르는 자식들……."

"그러니까 너희 글 쓰는 녀석들은 세상 모르구 산단 말이야."

"주제넘은 자식…… 조선 여자들이 뭘 남용을 해? 에펜네들 모양 좀 내기루? 에펜넨 좀 고와야지."

"돈이 드는 걸……."

"흥! 그래 집안에서 죽두룩 일해, 새끼 낳아 길러, 사내 뒤치개질 해……. 그리구 일 년에 당기 한 감 사매는 게 과하다? 아서라, 사내들 술값·담뱃값은 얼만지 아나? 생활 개선, 그래 에펜네들 수건값이나 당기값이나 졸여 먹구? 요 푼푼치 못한 경세가들아! 저흰 남용할 것 다 허구……."

"망할 자식, 말버릇 좀 고쳐라……. 이 자식아, 술이란 실사회선 얼마나 필요한 건지 아니?"

"안다. 술만 필요허냐? 고유한 문환 필요치 않구? 돼지 같은 자식들……. 너희가 진줄 알 수 있니……, 허……."

"히토오 바카니스루노 고노야로(사람을 업신여기지 마라, 이 자식아)……."

"너희 따윈 좀 바카니시테모 이이나(업신여겨도 돼)……."

"나니(뭐라고)?"

"나닌(뭐가) 다 뭐 말라빠진 거냐? 네 술 좀 먹기루, 이 자식 내 헐말 못헐 놈 아니다. 허긴 너한테나 분풀이다만……."

하고 현은 트림을 한다.

"이 사람들 고걸 먹구 벌써 취했네들그려."

박이 이쑤시개를 놓고 다시 잔을 현에게 내민다. 김은 잠자코 안주를 집는 체한다.

오래 해먹어서 손님들 기분에 눈치 빠른 영월은 보이를 부르더니 장구를 가져오게 하였다. 척 장구채를 뽑아 잡고 저 쪽 손으로 먼저 장구 전두리를 뚱땅 울려 보더니,

"어 — 따 조오쿠나. 이십 —오— 현 탄 — 야월……."

하고 불러내기 시작한다. 현은 물끄러미 영월의 핏줄 일어선 목을 건너다보며 조끼 단추를 끌렀다. 부들부들 떨리는 손으로 상머리를 뚜드려

본다. 그러나 자기에겐 가락이 생기지 않는다.

"에 — 헹 — 에 — 헤이야 — 하, 어 — 라 우겨 — 라, 방아로구
나……."

하고 받는 사람은 김뿐이다. 현은 더욱 가슴 속에서만 끓는다. 이런 땐 소
리라도 한 마디 불러 내었으면 얼마나 속이 시원하랴 싶어진다. 기생들도
다른 기생들은 잠잠히 앉아 영월의 입만 쳐다본다. 소리가 끝나자 박은,

"수고했네."

하고, 영월에게 술 한 잔을 권하더니 가사를 하나 부르라 청한다. 영월
은 사양치 않고 밀어 놓았던 장구를 다시 당기어 안더니,

"일조 — 오 — 나앙군……."

불러낸다. 박은 입을 씻고 하더니 곡조는 서투르나 그래도 꽤 어울리게
이런 시 한 구를 읊어서 소리를 받는다.

"각하 — 안 — 산 — 진 수궁처……. 임 — 정 — 가고옥 — 역난 위*
를……."

박은 눈물이 글썽해 후 하고 한숨으로 끝을 맺는다.

자리는 다시 찬비가 지나간 듯 호젓해진다. 김은 보이를 부르더니 유
성기를 가져 오라 했다. 재즈를 틀어 놓더니 그제야 다른 두 기생은 저
희 세상인 듯, 번차(번갈아가며) 김과 마주 잡고 댄스를 추는 것이다.

"영월이?"

영월은 잠자코 현의 곁으로 온다.

"난 자넬 또 만날 줄은 몰랐네. 반갑네."

"저 같은 걸 누가 데려가야죠?"

"눈이 너머 높은 게지?"

---

* 각한산진수궁처 임정가곡역난위(却恨山盡水宮處 任情歌哭亦難爲) '산도 막히고 물도 끝난
곳에 다다라 문득 한탄하노니, 마음 놓고 노래하고 울부짖고 싶어도 그나마 되지 않는구나.' 라
는 뜻. 이는 신채호가 나라가 망하는 것을 보고 망명을 할 때 지은 시의 일부라고 하며, 일설에
는 시제를 〈백두산도중〉이라 해서 망명 중 백두산에 다다라 지었다고도 한다.

"네?"

유성기 소리에 잘 들리지 않는다.

"눈이 너머 높은 게야?"

"천만에……. 그간 많이 상허섰에요."

"응?"

"많이 상허섰에요."

"나?"

"네."

"자네가 그리워서……."

"말씀만이라두……."

"허!"

댄스가 한 곡조 끝났다. 김은 자리에 앉으며 현더러,

"기미모 오도레(자네도 춤추지)."

한다.

"난 출 줄도 모르네. 기생을 불러 놓고 댄스나 하는 친구들은 내 일찍부터 경멸하는 발세."

"자네처럼 마께오시미 쓰요이한(매우 지기 싫어하는) 사람두 없을 걸세. 못 추면서도 그냥 춘대지……."

"흥! 지기 싫어서가 아닐세. 끌어안구 궁댕잇짓이나 허구, 유행가 나부랭이나 비명을 허구, 그게 기생들이며 그게 놀 줄 아는 사람들인가? 아마 우리 영월인 댄슬 못할 걸세. 못하는 게 아니라 안할걸?"

"아이! 영월 언니가 댄슬 어떻게 잘하게요."

하고 다른 기생이 핼긋 쳐다보며 가로챈다.

"자네두 그래 댄슬 허나?"

"잘 못한답니다."

"글쎄, 잘허구 못허구 간에?"

"어쩝니까? 이런 손님 저런 손님 다 비월 맞추자니까요."

"건 왜?"

"돈을 벌어야죠."

"건 그리 벌기만 해 뭘 허우?"

"기생일수록 제 돈이 있어야겠습니다."

"어째?"

"생각해 보시구려."

"모르겠는데? 돈 많은 사내헌테 가면 되지 않나?"

"돈 많은 사내가 변심 않구 나 하나만 다리구 사나요?"

"그럴까?"

"본처나 되면 아무리 남편이 오입을 해두 늙으면 돌아오겠지 하구 자식 낙이나 보면서 살지 않어요? 기생야 그 사람 하나만 바라고 갔는데 남자가 안 들어와 봐요, 뭘 바라고 삽니까? 그리게 살림 들어갔다 오래 가는 기생이 몇 됩니까? 우리 기생은 제가 돈을 묘서 돈 없는 사낼 얻는 게 제일이랍니다."

"야! 언즉시야(말인즉 사리에 맞다)라, 거 반가운 소리구나!"

하고 박이 나앉는다. 그리고,

"난 한 푼 없는 놈이다. 직업두 인젠 벤벤치 못하다. 내 예펜네라야 늙어서 바가지두 긁지 않을 거구. 자네 돈 많으면 나하구 살세?"

하고 영월의 손을 끌어당긴다.

"이 사람, 영월인 현군 걸세."

"참, 돈 가진 기생이나 얻는 수밖에 없네, 이젠……."

하고 현두 웃었다.

"아닌 게 아니라 자네들 이제부터 실속 차려야 하네."

하고 김은 힐긋 현의 눈치를 본다.

"더러운 자식!"

"흥, 너희가 아무리 꼬장꼬장한 체해야……."

"뭐, 이 자식……."

하더니 현은 술을 깨려고 마시던 사이다 컵을 김에게 사이다째 던져 버린다. 깨어지고 튀고 하는 것은 유리컵만이 아니다. 기생들이 그리로 쏠린다. 보이들도 들어온다.

"이 자식? 되나 안 되나 우린 우린……, 이래봬두 우리……."

하고 현의 두리두리해진 눈엔 눈물이 핑 어리고 만다.

"이런 데서 뭘…… 이 사람 취했네그려. 나가 바람 좀 쐬세."

하고 박이 부산한 자리에서 현을 이끌어 낸다. 현은 담배를 하나 집으며 복도로 나왔다.

"이 사람아, 김 군 말쯤 고지식하게 탄할 게 뭔가?"

"후……."

"그까짓 무슨 소용이야……."

"내가 취했나보이……. 내가……, 김 군이 미워 그리나……? 자넨 들어가 보게……."

현은 한참 난간에 의지해 섰다가 슬리퍼를 신은 채 강가로 내려왔다. 강에는 배 하나 지나가지 않는다. 바람은 없으나 등골이 오싹해진다. 강가에 흩어진 나뭇잎들은 서릿발이 끼어 은종이처럼 번뜩인다. 번뜩이는 것을 찾아 하나씩 밟아 본다.

"이상견빙지……."

〈주역〉에 있는 말이 생각났다. 서리를 밟거든 그 뒤에 얼음이 올 것을 각오하란 말이다. 현은 술이 홱 깬다. 저고리섶을 여미나 찬 기운은 품 속에 사무친다. 담배를 피우려 하나 성냥이 없다.

'이상견빙지……,이상견빙지…….'

밤 강물은 시체와 같이 차고 고요하다.

까마귀

"호……."

새로 사 온 것이라 등피에서는 아직 석유내도 나지 않는다. 닦을 것도 별로 없지만 전에 하던 버릇으로 그렇게 입김부터 불어 가지고 으스름해진 하늘에 비춰 보았다. 등피는 과민하게도 대뜸 뿌옇게 흐려지고 만다.

"날이 꽤 차졌군……."

그는 등피를 닦으면서 아직 눈에 익지 않은 정원들을 둘러보았다. 이끼 앉은 돌층계 밑에는 발이 묻히게 낙엽이 쌓여 있고 상나무, 전나무 같은 상록수를 빼어놓고는 단풍나무까지 이미 반나마 이울어 어떤 나무는 잎이라고 하나도 없이 설명하게 서 있다. '무장 해제를 당한 포로들처럼' 하는 생각을 하면서 그런 쓸쓸한 나무들이 이 구석 저 구석에 묵묵히 섰는 것을 그는 등피를 다 닦고도 다시 한참이나 바라보다가야 자기 방으로 정한 바깥채 작은사랑으로 올라갔다.

여기는 그의 어느 친구네 별장이다. 늘 괴벽한 문체를 고집하여 독자를 널리 갖지 못하는 그는 한 달에 이십 원 남짓하면 독방을 차지할 수 있는 학생층의 하숙 생활조차 뜻대로 되지 않았다. 궁여의 일책으로 이렇게 임시로나마 겨우내 그냥 비워 두는 친구네 별장 방 하나를 빌린 것이다. 내년 칠월까지는 어느 방이든지 마음대로 쓰라고 해서 정자지기가 방마다 문을 열어 보이는 대로 구경하였으나, 모두 여름에나 좋은 북향들이라 너무 음습하고 너무 넓고 문들이 많아서 결국은 바깥채로 나와, 상노들이나 자는 방이라는 작은사랑을 치우게 한 것이다.

상노들이나 자는 방이라 하나 별장 전체를 그리 손색 있게 하는 방은 아니었다. 동향이어서 여름에는 늦잠을 자지 못할 것이 흠일까, 겨울에는 어느 방보다 밝고 따뜻할 수 있고 미닫이와 들창도 다 갑창(이중창)까지 들인데다 벽장문과 두껍닫이에는 유명한 화가인지 아닌지는 몰라도 낙관이 있는 사군자며 기명절지가 붙어 있다. 밖으로도 문 위에는 추성각이라는 추사체의 현판이 걸려 있고 양쪽 처마 끝에는 파랗게 녹슨 풍경이 창연히 달려 있다. 또 미닫이를 열면 눈 아래 깔리는 경치도 큰사랑만 못한 것 같지 않으니, 산기슭에 나붓이 섰는 수각과 그 밑으로 마른 연잎과 단풍이 잠긴 연당이며 그리고 그 연당 언덕으로 올라오면서 무룽석으로 석가산을 모으고 잔디밭 새에 길을 돌린 것은 이 방에서 내려다보기가 그중일 듯싶었다. 그런데다 눈을 번뜻 들면 동편 하늘이 바다처럼 트이고 그 한편으로 훤칠한 늙은 전나무 한 채가 절벽같이 가려 섰는 것이다. 사슴의 뿔처럼 삭정이가 된 상가지에는 희끗희끗 새똥까지 묻어서 고요히 바라보면 한눈에 태고가 깃들이는 그윽한 경치이다.

오래간만에 켜 보는 남폿불이다. 펄럭 하고 성냥불이 심지에 옮기더니 좁은 등피 속은 자옥하게 연기와 김이 서리었다가 차츰차츰 밝아지는 것이었다. 그렇게 차츰차츰 밝아지는 남폿불에 뺑 둘러앉았던 옛날 집안 사람들의 얼굴이 생각나게, 그렇게 남폿불은 추억 많은 불이다.

그는 누워 너무나 고요함에 귀를 빼앗기면서 옛사람들의 얼굴을 그려보다가 너무나 가까운 데서 까악 까악 하는 까마귀 소리에 얼른 일어나 문을 열었다. 바깥은 아직 아주 어둡지 않았다. 또 까악 까악 하는 소리에 쳐다보니, 지나가면서 우는 소리가 아니라 바로 그 전나무 삭정가지에 시커먼 세 마리가 웅크리고 앉아 그러는 것이었다.

"까마귀!"

까치나 비둘기를 본 것만은 못하였다. 그러나 자연이 준 그의 검음과 그의 탁한 음성을 까닭없이 저주할 필요는 느끼지 않았다. 마침 정자지기가 올라와서,

"아, 진지는 어떡하십니까?"

하는 말에, 우유하고 빵이나 먹고 밥 생각이 나면 문안 들어가 사 먹는다고, 그래도 자기는 괜찮다고 어름어름하고 말막음으로,

"웬 까마귀들이……?"

하고 물었다.

"네, 이 동네 많습니다. 저 나무엔 늘 와 사는 걸입쇼."

"그래요? 그럼 내 친구가 되겠군……."

하고 그는 웃었다.

"요 아래 돼지 기르는 데가 있습죠니까. 거기 밥찌께기 같은 게 흔하니까 그래 까마귀가 떠나질 않습니다."

하면서 정자지기는 한 걸음 나서 팔매 치는 형용을 하니 까마귀들은 주춤하고 날 듯한 자세를 가지다가 아래를 보더니 앉아서 이번에는 '까르르…….' 하고 GA 아래 R가 한없이 붙은 발음을 하는 것이었다.

정자지기가 내려간 후, 그는 다시 호젓하니 문을 닫고 아까와 같이 아무렇게나 다리를 뻗고 누워 버렸다.

배가 고팠다. 그는 또 그 어느 학자의 수면 습관설이 생각났다. 사람이 밤새도록 그 여러 시간을 자는 것은 불을 발명하기 전에 할 일이 없

어 자기만 한 것이 습관으로 전해진 것뿐이요, 꼭 그렇게 여러 시간을 자야만 될 리는 없다는 것이다. 그는 이 수면 습관설에 관련하여 식욕이란 것도 그런 것으로 믿어 보고 싶었다. 사람은 하루 꼭꼭 세 번씩 으레 먹어야 될 것처럼 충실히 먹는 것이나 이것도 그렇게 많이 먹어야만 되게 되어서가 아니라, 애초에는 수효 적은 사람들이 넓은 자연 속에서 먹을 것이 쉽사리 손에 들어오니까 먹기만 하던 것이 습관으로 전해진 것뿐이요, 꼭 그렇게 세 끼씩이나 계획적으로 먹어야만 될 리는 없을 것 같았다. 그런데 사람이 잠을 자기 위해서는 그처럼 큰 부담이 있는 것은 아니나 먹기 위해서는, 하루 세 번씩 먹는 그 습관을 지키기 위해서는 얼마나 큰, 얼마나 무거운 부담이 있는 것인가. 그러기에 살려고 먹는 것이 아니라 먹으려고 산다는 말까지 생긴 것이 아닌가 생각되었다.

　'먹으려고 산다! 평생을 먹으려고만 눈이 뻘게 허둥거리다 죽어? 그건 실로 인간의 모욕이다.'

　그는 쓴웃음을 지으며 지금 자기의 속이 쓰려 올라오는 것과 입 속이 빡빡해지며 눈에는 자꾸 기름진 식탁이 나타나는 것을 한낱 무가치한 습관의 발작으로만 돌려 버리려 노력해 보는 것이다.

　'어디선가 르나르*는, 예술가는 빵 한 근보다 꽃 한 송이를 꺾는다고, 그러나 배가 고프면? 하고 제가 묻고는, 그러면 그는 괴로워하고 훔치고 혹은 사람을 죽일지도 모른다. 그렇더라도 글쓰기를 버리지는 않을 게라고 했다. 난 배가 고파할 줄 아는 얄미운 습관부터 아예 망각시켜 보리라. 잉크는 새 것이 한 병 새벽 우물처럼 충충히 담겨 있것다, 원고지도 두툼한 게 여남은 축 쌓여 있것다!'

　그는 우선 그 문 앞으로 살랑살랑 지나다니면서 '쌀값은 오르기만 허구……, 석탄두 들여야겠는데…….'를 입버릇처럼 하던 주인 마누라의

---

*　르나르(Jules Renard)　프랑스의 소설가, 극작가(1864~1910). 작품으로는 〈박물지〉, 〈홍당무〉 등이 있다.

목소리를 십 리나 떨어져서 은은한 풍경 소리와 짙은 어둠에 흠뻑 싸인, 이 산장 호젓한 방에서 옛 애인을 만난 듯한 다정스러운 남폿불을 돋우고 글만을 생각하는 데 취할 수 있는 것이 갑자기 몸이 비단에 싸이는 듯, 살이 찔 듯한 행복이었다.

저녁마다 그는 남포에 새 석유를 붓고 등피를 닦고 그리고 까마귀 소리를 들으면서 어둠을 기다리었다. 방 구석구석에서 밤의 신비가 소곤거려 나올 때 살며시 무릎을 꿇고 귀한 손님의 의관처럼 공손히 남포갓을 들어 올리고 불을 켜는 것이며, 펄럭거리던 불방울이 가만히 자리하며 잡는 것을 보고야 아랫목으로 물러나 그제는 눕든지 앉든지 마음대로 하며 혼자 밤이 깊도록 무얼 읽고 무얼 생각하고 무얼 쓰고 하는 것이다. 그래서 아침이면 늘 늦도록 자곤 하였다. 어떤 날은 큰사랑 뒤에 있는 우물에 올라가 세수를 하고 나면 산 너머로 오정 소리가 울려 오기도 했다. 그러다가 이 날은 무슨 무서운 꿈을 꾸고 그 서슬에 소스라쳐 깨어 보니 밤은 벌써 아니었다. 미닫이에는 전나무 가지가 꿩의 장목처럼 비끼었고, 쨍쨍한 햇볕은 쏴 소리가 날 듯 쪼여 있었다. 어수선한 꿈자리를 떨쳐 버리는 홀가분한 기분과 여기 나와서는 처음 일찍 깨어 보는 호기심에서 그는 머리를 흔들고 미닫이부터 쫙 밀어 놓았다. 문턱을 넘어드는 바깥 공기는 체온에 부딪히는 것이 찬물 같았다. 여윈 손으로 눈을 비비며 얼마나 아름다운 아침인가를 내어다보았다. 해는 역광선이어서 부신 눈으로 수각을 더듬고 연당을 더듬고 잔디밭길을 더듬다가 그 실뱀 같은 잔디밭길에서다. 그는 문득 어떤 여자의 그림자 하나를 발견한 것이다.

여태 꿈인가 해서 다시금 눈부터 비볐다. 확실히 여자요, 또 확실히 고요히 섰으되 산 사람이었다. 그는 너무 넓게 열렸던 문을 당황히 닫아 버리고 다시 조그만 틈으로 내어다보았다.

여자는 잊어버린 듯 오래도록 햇볕만 쐬고 서 있다가 어디선지 산새

한 마리가 날아와 가까운 나뭇가지에 앉는 것을 보더니 그제야 사뿐 발을 떼어 놓았다. 머리는 틀어 올리었고 저고리는 노르스름한 명줏빛인데 고동색 스웨터를 아이 업듯 두 소매는 앞으로 늘어뜨리고 등에만 걸치었을 뿐, 꽤 날씬한 허리 아래엔 옥색 치맛자락이 부드러운 물결처럼 가벼운 주름살을 일으켰다. 빨간 단풍잎 하나를 들었을 뿐, 고요한 아침 산보인 듯하다.

'누굴까?'

그는 장정 고운 신간서에처럼 호기심이 일어났다. 가까이 축대 아래로 지나가는 것을 보니 새 양봉투 같은 깨끗한 이마에 눈결은 뉘어 쓴 영어 글씨같이 차근하다. 꼭 다문 입술, 그리고 뾰로통한 콧봉오리에는 여간치 않은 프라이드가 느껴지는 얼굴이었다.

'웬 여잔데?'

이튿날 아침에도 비교적 이르게 잠이 깨었다. 살며시 연당 쪽을 내어다보니 연당 앞에도 잔디밭길에도 아무도 사람이라고는 보이지 않았다. 왜 그런지 붙들었던 새를 날려 보낸 듯 그는 서운하였다. 이 날 오후이다. 그는 낙엽을 긁어다가 불을 때고 있었다. 누군지 축대 아래에서 인기척이 났다. 머리를 쓸어 넘기며 내려다보니 어제 아침의 그 여자다. 어제 그 옷, 그 모양, 그 고요함으로 약간 발그레해진 얼굴을 쳐들고 사뭇 아는 사람을 보듯 얼굴을 돌리려 하지 않고 걸음을 멈추고 섰는 것이다. 이 쪽은 당황하여 다시 머리를 쓸어 넘기며 일어섰다.

"×선생님 아니세요?"

여자가 거의 자신을 가지고 먼저 묻는다.

"네, ×××입니다."

"……"

여자는 먼저 물어 놓고 더 말이 없이 귀 밑까지 발그레해지는 얼굴을 폭 수그렸다. 한참이나 아궁에서 낙엽 타는 소리뿐이었다.

"절 아십니까?"

"……"

여자는 다시 얼굴을 들 뿐 말은 없다가 수줍은 웃음을 머금고 옆에 있는 돌층계를 히뜩히뜩 올라왔다. 이 쪽에서는 낙엽 한 무더기를 또 아궁에 쓸어 넣고 손을 털었다.

"문간에 명함 붙이신 걸루 알았세요."

"네……"

"저두 선생님 독자예요. 꽤 충실한……"

"그러십니까? 부끄럽습니다."

그는 손을 비비며 여자의 눈을 보았다. 잦아든 가을 호수와 같이 약간 꺼진 듯한 피곤한 눈이면서도 겨울 별 같은 찬 광채가 일어났다.

"손수 불을 때시나요?"

"네."

"전 이 집 정원을 저이 집처럼 날마다 산보 와요, 아침이문……"

"네! 퍽 넓구 좋은 정원입니다."

"참 좋아요……. 어서 때세요."

"네, 이 동네 계십니까?"

"요 개울 건너예요."

이 날은 더 이야기가 나올 새 없이 부끄러움도 미처 걷지 못하고 여자는 돌아가고 말았다. 그는 한참 뒤에 바깥 행길로 나와 개울 건너를 살펴보았다. 거기는 기와집, 초가집 여러 집이 언덕에 층층으로 놓여 있었다. 어느 것이 그 여자가 들어간 집인지 짐작조차 할 수 없었다.

이 날 저녁에 정자지기를 만나 물었더니,

"그 여자 병인이올시다."

하였다. 보기에 그리 병색은 아니더라 하니,

"뭐 폐병이라나요. 약 먹느라구 여기 나왔는데 숨이 차 산엔 못 댕기구 우리 정자루만 밤낮 오죠."

하였다. 폐병! 그는 온전한 남의 일 같지 않게 마음이 쓰였다. 그렇게 예모* 있고 상냥스러운 대화를 지껄일 수 있는 아름다운 입술이 악마 같은 병균을 발산하리라는 사실은 상상만 하기에도 우울하였다. 그러나 그 다음 날부터는 정원에서 그 여자를 만나 인사할 수 있는 것이 즐거웠고, 될 수만 있으면 그를 위로해 주고 그와 더불어 자기의 빈한한 예술을 이야기하고 싶었다. 그래서 그 여자가 자기의 방문 앞으로 왔을 때는 몇 번이나,

"바람이 찹니다."

하여 보았다. 그러나 번번이,

"여기가 좋아요."

하고 여자는 툇마루에 걸터앉았고 손수건으로 자주 입과 코를 막기를 잊지 않았다. 하루는,

"글쎄 괜찮으니 좀 들어오십시오."

하고 괜찮다는 말에 힘을 주었더니 여자는 약간 상기가 되면서 그래도 이 쪽에 밝히 따지려는 듯이,

"전 전염병 환자예요."

하고 쓸쓸한 웃음을 지었다.

"글쎄 그런 줄 압니다. 괜찮으니 들어오십시오."

하니 그제야 가벼운 감격이 마음 속에 파동치는 듯, 잠깐 멀리 하늘가에 눈을 던지었다가 살며시 들어왔다. 황혼이었다. 동향 방의 황혼이라 말할 때의 그 여자의 맑은 눈 속과 흰 잇속만이 별로 또렷또렷 빛이 났다.

"저처럼 죽음에 대면해 있는 처녀를 작품 속에서 생각해 보신 적 계세요, 선생님?"

---

* 예모(禮貌) 예절에 맞는 몸가짐.

"없습니다! 그리구 그만 정도에 왜 죽음을 생각허십니까?"

"그래두 자꾸 생각하게 되어요."

하고 여자는 보일 듯 말 듯한 웃음으로 천장을 쳐다보았다. 한참 침묵 뒤에,

"전 병을 퍽 행복스럽다 했어요. 처음엔……."

하고 또 가벼이 웃었다.

"……."

"모두 날 위해 주구 친구들이 꽃을 가지구 찾어와 주구, 그리구 건강했을 때보다 여간 희망이 많지 않어요. 인제 병이 나으면 누구헌테 제일 먼저 편지를 쓰겠다, 누구헌테 전에 잘못한 걸 사과하리라 참 벨벨 희망이 다 끓어올랐세요……. 병든 걸 참 감사했세요. 그 땐……."

"지금은요?"

"무서워졌세요. 죽음두 첨에는 퍽 아름다운 걸루 알었드랬세요. 언제든지 살다 귀찮으면 꽃밭에 뛰어들 듯 언제나 아름다운 죽음에 뛰어들 수 있는 걸 기뻐했세요. 그런데 이렇게 닥뜨리고 보니 겁이 자꾸 나요. 꿈을 꿔두……."

하는데 까악 까악 하는 소리가 바로 그 전나무 삭정가지에서인 듯, 언제나 똑같은 거리에서 울려 왔다.

"여기 나와선 까마귀가 내 친굽니다."

하고 그는 억지로 그 불길스러운 소리를 웃음으로 덮어 버리려 하였다.

"선생님은 친구라구꺼정! 전 이 동네가 모두 좋은데 저게 싫어요. 죽음을 잊어버리면 안 된다구 자꾸 깨쳐 주는 것 같아요."

"건 괜한 관념인 줄 압니다. 흰 새가 있듯 검은 새도 있는 거요, 소리 맑은 새가 있듯 소리 탁한 새도 있는 거죠. 취미에 따라 까마귀도 사랑할 수 있는 샌 줄 압니다."

"건 죽음을 아직 남의 걸로만 아는 건강한 사람들의 두개골을 사랑하

는 것 같은 악취미겠지요. 지금 저헌텐 무서운 짐승이에요. 무슨 음모를 가지구 복면허구 내 뒤를 쫓아다니는 무슨 음흉한 사내같이 소름이 끼쳐요. 아마 내가 죽으면 저 새가 덥석 날러와 앞을 설 것만 같아……."

"……."

"죽음이 아름답게 생각될 때 죽는 것처럼 행복은 없을 것 같아요."
하고 여자는 너무 길게 지껄였다는 듯이 수건으로 입을 코까지 싸서 막고 멀—거니 어두워 들어오는 미닫이를 바라보았다.

이 병든 처녀가 처음으로 방에 들어와 얼마 안 되는 이야기를 그의 체온과 그의 병균과 함께 남기고 간 날 밤, 그는 몹시 우울하였다.

'무슨 말을 하여야 그 여자를 위로할 수 있을까?

'과연 그 여자의 병은 구할 수 없는 것일까?

'어떻게 하면 그 여자에게 죽음이 다시 한 번 꽃밭으로 보일 수 있을까?

그는 비스듬히 벽에 기대어 이것을 생각하다가 머릿속에서 무엇이 버스럭거리는 소리를 들었다. 가만히 이마에 손을 대니 그것은 벽장 속에서 나는 소리였다. 그는 벽장을 열고 두어 마리의 쥐를 쫓고 나무때기처럼 굳은 빵 한 쪽을 꺼내었다. 그리고 한 손으로는 뒷산에서 주워 온 그 환약과 같이 동그라면서도 가랑잎처럼 무게가 없는 토끼의 배설물을 집어 보면서 요즘은 자기의 것도 그렇게 담박한 것이 틀리지 않을 것을 미소하였다. '사람에게서도 풀내가 나야 한다.' 한 철인 소로*의 말이 생각났으며, 사람도 사는 날까지 극히 겸손한 곤충처럼 맑은 이슬과 향기로운 풀잎으로만 만족하지 못하는 것을, 그 운명이 슬픈 생각도 났다.

---

* **소로**(Henry David Thoreau) 미국의 사상가(1817~1862). 에머슨의 절대주의의 영향을 받아 비인간적이며 순수한 자연을 추구함.

'무슨 말을 하여 주면 그 여자에게 새 희망이 생길까?'

그는 다시 이런 궁리에 잠기었고 그랬다가 문득,

'내가 사랑하리라!'

하는 정열에 부딪쳤다.

'확실히 그 여자는 애인을 갖지 못했을 거다. 누가 그 벌레 먹는 가슴에 사랑을 묻었을 거냐!'

그는 그 여자의 앉았던 자리에 두 손길을 깔아 보았다. 싸늘한 장판의 감촉일 뿐 체온은 날아간 지 오래였다.

'슬픈 아가씨여, 죽더라도 나를 사랑하면서 죽어 다오! 애인이 없이 죽는 것은 애인을 남기고 죽기보다 더욱 슬플 것이다……. 오래 전부터 병균과 싸워 온 그대에겐 확실히 애인이 있을 수 없을 게다.'

그는 문풍지 떠는 소리에 덧문을 닫고 남포의 불을 낮추고 포의 슬픈 시 〈레이번〉을 생각하면서,

"레노어? 레노어?"

하고, 포가 그의 애인의 망령을 불렀듯이 슬픈 음성을 소리쳐 보기도 하였다. 그 덮을 것도 없이 애인의 헌 외투자락에 싸여서, 그러나 행복스럽게 임종하였을 레노어의 가엾고 또 아름다운 시체는, 생각하여 보면 포의 정열 이상으로 포근히 끌어안아 보고 싶은 충동도 일어났다. 포가 외로운 서재에 앉아 밤 깊도록 옛 책을 상고할 때 폭풍은 와 문을 열어 젖뜨렸고 검은 숲 속에서는 보이지도 않는 까마귀가 울면서 머리 풀어헤친 아름다운 레노어의 망령이 스르르 방 안 한구석에 들어서곤 하였다.

'오오! 나의 레노어! 너는 아직 확실히 애인을 갖지 못했을 거다. 내가 너를 사랑해 주며 내가 너의 주검을 지키는 슬픈 애인이 되어 주마.'

그는 밤이 너무 긴 것을 탄식하며 어서 날이 밝기를 기다리었다.

그러나 밝는 날 아침의 하늘은 너무나 두껍게 흐려 있었고 거친 바람은 구석구석에서 몰려 나오며 눈발조차 희끗희끗 날리었다. 온실 속에

서나 갸웃이 내어다보는 한 송이 온대 지방 꽃처럼, 그렇게 가냘픈 그 처녀의 얼굴이 도저히 나타나기를 바랄 수 없는 날씨였다.

'오 가엾은 아가씨! 너는 이렇게 흐린 날, 어두운 방 속에 누워 애인이 없이 죽을 것을 슬퍼하리라! 나의 가엾은 레노어!'

사흘이나 눈이 오고 또 사흘이나 눈보라가 치고 다시 며칠 흐리었다가 눈이 오고 그리고 날이 들고 따뜻해졌다. 처마 끝에서 눈 녹은 물이 비오듯 하는 날 오후인데 가엾은 아가씨가 나타났다. 더 창백해진 얼굴에는 상장 같은 마스크를 입에 대었고 방에 들어와서는 눈꺼풀이 무거운 듯 자주 눈을 감았다 뜨면서,

"그간 두어 번이나 몹시 각혈을 했어요."
하였다.

"그러나……."

"의사는 기관에서 터진 피래지만, 전 가슴에서 나온 줄 모르지 않아요."

"그래두 의사가 더 잘 알지 않겠어요?"

"의사가 절 속여요. 의사만 아니라 사람들이 다 날 속이려구만 들어요. 돌아서선 뻔히 내가 죽을 걸 이야기하다가두 나보군 아닌 체들 해요. 그래서 벌써부터 난 딴 세상 사람처럼 따돌리는 게 저는 슬퍼요. 죽음이 그렇게 외로운 거란 걸 날 죽기 전부터 맛보게들 해요."
아가씨의 말소리는 떨리었다.

"그래두……. 만일 지금이라두, 만일……., 진정으루 사랑하는 사람이 있다면 그 사람의 말만은 곧이들으시겠습니까?"

"……."

눈을 고요히 감고 뜨지 않았다.

"앓으시는 병을 조곰도 싫어하지 않고 정말 운명을 같이 따라 하려는 사람만 있다면?"

"그럼 그건 아마 사람이 아니겠지요. 저한테 사랑하는 사람이 있긴 있어요……. 절 열렬히 사랑해 주어요. 요즘두 자주 저한테 와요."

"……."

"그는 정말 날 사랑하는 표루 내가 이런, 모두 싫어하는 병이 걸린 걸 자기만은 싫어허지 않는단 표루 하루는 내 가슴에서 나온 피를 반 컵이나 되는 걸 먹기까지 한 사람이야요. 그렇지만 그게 내게 위로가 되는 줄 아세요?"

"……."

그는 우울할 뿐이었다.

"내 피까지 먹구 나허구 그렇게 가깝게 해두 그는 저대로 건강하구 저대루 살아가야 할 준비를 하니까요. 머리가 좋으면 이발소에 가고, 신이 해지면 새 구둘 맞추구, 날마다 대학 도서관에 다니면서 학위 받을 연구만 하구 있어요. 그러니 얼마나 저허군 길이 달러요? 전 머릿속에 상여, 무덤 그런 생각뿐인데……."

"왜 그런 생각만 자꾸 하십니까?"

"사람끼린 동정하구퍼두 동정이 안 되는 거 같아요."

"왜요?"

"병자에겐 같은 병자가 되는 것 아니곤 동정이 못 될 겁니다. 그런데 어떻게 맘대루 같은 병자가 되며 같은 정도로 앓다, 같은 시각에 죽습니까? 뻔히 죽을 사람을 말로만 괜찮다, 괜찮다 하구 속이는 건 이쪽을 더 빨리 외롭게 만드는 거예요."

"어떤 상여를 생각하십니까?"

그는 대담하게 이런 것을 물어 주었다. 그렇게 하는 것이 그 아가씨의 세계에 접근하는 것이 될까 하였다.

"조선 상여는 참 타기 싫어요. 요즘 금칠 막 한 자동차두 보기두 싫어요. 하얀 말 여럿이 끌구 가는 하얀 마차가 있다면……, 하구 공상해 봤어요. 그리구 무덤두 조선 무덤들은 참 암만 해두 정이 가질 않아요. 서양엔 묘지가 공원처럼 아름답다는데 조선 산수들이야 어디 누구의 영원한 주택이란 그런 감정이 나요? 곁에 둘 수 없으니 흙으루 덮구 그냥 두면 비에 패니까 잔디를 심는 것뿐이지 꽃 한 송이 심을 데나 꽃을 데가 있어요? 조선 사람처럼 죽은 사람의 감정을 안 생각해 주는 사람들은 없는 것 같아요. 괜히 그 듣기 싫은 목소리루 울기만 허고 까마귀나 뫼들게 떡쪼가리나 갖다 어질러 놓구……."

"……."

"선생님은 왜 이렇게 외롭게 사세요?"

그는 아무 대답도 하지 않았다. 그 여자에게 애인이 없으리라 단정한 자기의 어리석음을 마음 아프게 비웃었고 저렇게 절망에 극하여 세상 욕심이라고는 털끝만치도 없는 거룩한 여자를 애인으로 가진 그 젊은 학도가 몹시 부러운 생각뿐이었다.

날은 이미 황혼에 가까웠다. 연당 아래 전나무 꼭대기에서는 아직, 그 탁한 소리로 울지는 않으나 그 우악스런 주둥이로 그 검은 새들이 삭정이를 쪼는 소리가 딱딱 울려 왔다.

"까마귀가 온 게지요?"

"그렇게 그게 싫으십니까?"

"싫어요. 그것 뱃속엔 아마 별별 귀신 딱지가 다 든 것처럼 무서워요. 한번은 꿈을 꾸었는데 까마귀 뱃속에 무슨 부적이 들구 칼이 들구 시퍼런 불이 들구 한 걸 봤어요. 웃지 마세요. 상식은 절 떠난 지 벌써 오래요……."

"허허……."

그러나 그는 웃고, 속으로 이제 까마귀를 한 마리 잡으리라 하였다. 그 배를 갈라서 그 속에는 다른 새나 조금도 다를 것이 없는 내장뿐인 것을 보여 주리라. 그래서 그 상식을 잃은 여자의 까마귀에 대한 공포심을 근절시키고, 그래서 죽음에 대한 공포심까지도 좀 덜게 해 주리라 마음먹었다.

그는 이 아가씨가 간 뒤에 그 길로 뒷산에 올라 물푸레나무를 베다가 큰 활을 하나 메웠다. 꼿꼿한 싸리로 살을 만들고 끝에다는 큰 못을 갈아 촉을 박고 여러 번 겨냥을 연습하여 보고 까마귀를 창문 가까이 유혹하였다. 눈 위에 여기 저기 콩을 뿌리었더니 그들은 마침내 좌우를 의뭉스런 눈으로 두리번거리면서도 내려와 그것을 쪼았다. 먼 데 것이 없어지는 대로 그들은 곧 날듯 날듯이 어깨를 곧추세우면서도 차츰차츰 방문 가까이 놓인 것을 쪼며 들어왔다. 방 안에서는 숨을 죽이고 조그만 문구멍에 살촉을 얹고 가장 가까이 들어온 놈의 옆구리를 겨냥하여 기운껏 활을 당겨 가지고 쏘아 버렸다.

푸드덕하더니 날기는 다 날았으나 한 놈이 죽지에 살이 박힌 채 이내 그 자리에 떨어졌고 다른 놈들은 까악까악거리면서 전나무 꼭대기로 올라갔다. 그는 황망히 신을 끌며 떨어진 놈을 쫓아 들어가 발로 덮치려 하였다. 그러나 까마귀는 어느 틈에 그의 발 밑에 들지 않고 훌쩍 몸을 솟구어 그 찬란한 핏방울을 눈 위에 흩뿌리며 두 다리와 한 날개로 반은 날고 반은 뛰면서 잔디밭 쪽으로 덥풀덥풀 달아났다. 이 쪽에서도 숨차게 뛰어 다그쳤다. 보기에 악한과 같은 짐승이었지만 그도 한낱 새였다. 공중을 잃어버린 그에겐 이내 막다른 골목이 나왔다. 화살이 그냥 박힌 채 연당으로 내려가는 도랑창에 거꾸로 박히더니 썩썩 하면서 불덩어리인지 핏방울인지 모를 두 눈을 뒤집어쓰고 집게 같은 입을 딱딱 벌리며 대가리를 곧추들었다. 그리고 머리 위에서는 다른 놈들이 전나무에서 내려와 까악거리며 저희 가족을 기어이 구하려는 듯이 낮게 떠돌며 덤비었다.

그는 슬그머니 겁이 나기도 했으나 뭉어리 돌을 집어 공중의 놈들을

위협하며 도랑에서 다시 더풀 올라 솟는 놈을 쫓아 들어가 곧은 발길로
멱투시(멱살)를 차 내던지었다. 화살은 빠져 떨어지고 까마귀만 대여섯
칸 밖에 나가떨어지며 킥하고 뻐들적거렸다. 다시 쫓아가 발길을 들었
으나 그 때는 벌써 까마귀는 적을 볼 줄도 모르고 덮어누르는 죽음과
싸울 뿐이었다. 그는 두근거리는 가슴으로 이 검은 새의 죽음의 고민을
내려다보며 그 병든 처녀의 임종을 상상해 보았다. 슬픈 일이었다. 그
는 이내 자기 방으로 돌아왔고 나중에 정자지기를 시켜 그 죽은 까마귀
를 목을 매어 어느 나뭇가지에 걸게 하였다. 그리고 어서 그 아가씨가
나타나면 곧 훌륭한 외과의나처럼 그 검은 시체를 해부하여 까마귀의
뱃속에도 다른 날짐승과 똑같이 단순한 조류의 내장이 있을 뿐, 결코
그런 무슨 부적이거나 칼이거나 푸른 불이 들어 있지 않다는 것을 증명
하리라 하였다.

　　그러나 날씨는 추워 가기만 하고 열흘에 한 번도 따뜻한 해가 비치지

않았다. 달포가 지나도록 그 아가씨는 나타나지 않았다. 날씨는 다시 풀어져 연당에 눈이 녹고 단풍나무 가지에 걸린 까마귀의 시체도 해부하기 알맞게 녹았지만 그 아가씨는 나타나지 않았다.

하루는 다시 추워져 싸락눈이 사륵사륵 길에 떨어져 구르는 날 오후이다. 그는 어느 잡지사에 들어가 곤작(힘들여 지음) 한 편을 팔아 가지고 약간의 식료를 사 들고 다 나온 길인데, 개울 건너 넓은 마당에는 두어 대의 검은 자동차와 함께 금빛 영구차 한 대가 놓여 있는 것이다.

그는 가슴이 섬뜩하였다. 별장 쪽을 올려다보니 전나무 꼭대기에서는 진작부터 서너 마리의 까마귀가 이 광경을 내려다보며 쭈그리고 앉아 있었다.

'그 여자가 죽은 거나 아닌가?'

영구차 안에는 이미 검은 포장에 덮인 관이 실려 있었다. 둘러섰는 동네 사람 속에서 정자지기가 나타나더니 가까이 와 일러 주었다.

"우리 정자루 늘 오던 색시가 갔답니다."

"……."

그는 고요히 영구차를 향하여 모자를 벗었다.

"저 뒤에 자동차에 지금 오르는 사람이 그 색시하구 정혼했던 남자랩니다."

그는 잠자코 그 대학 도서관엘 다니며 학위 얻을 연구를 한다는 청년을 바라보았다. 그 청년은 자동차 안에 들어앉아, 이내 하얀 손수건을 내어 얼굴에 대었다. 그러자 자동차들은 영구차가 앞을 서며 고요히 굴러 떠나갔다. 눈은 함박눈이 되면서 펑펑 쏟아지기 시작하였다. 그 자동차들이 굴러간 자리도 얼마 안 있어 덮어 버리고 말았다.

까마귀들은 이 날 저녁에도 별다른 소리는 없이 그저 까악까악거리다가 이따금씩 까르르 하고 그 GA 아래 R가 한없이 붙은 발음을 내곤하였다.

복덕방

　철썩, 앞집 판장 밑에서 물 내버리는 소리가 났다. 주먹구구에 골독했던(골똘했던) 안 초시에게는 놀랄 만한 폭음이었던지, 다리 부러진 돋보기 너머로, 똑 모이를 쪼으려는 닭의 눈을 해 가지고 수챗구멍을 내다본다. 뿌연 뜨물에 휩쓸려 나오는 것이 여러 가지다. 호박꼭지, 계란 껍데기, 거피해 버린 녹두 껍질.

　"녹두 빈자떡을 부치는 게로군, 흥……."

　한 오륙 년째 안 초시는 말끝마다 '젠……장.'이 아니면 '흥!' 하는 코웃음을 잘 붙이었다.

　"추석이 벌써 낼 모레지! 젠장……."

　안 초시는 저도 모르게 입맛을 다시었다. 기름내가 코에 풍기는 듯 대뜸 입 안에 침이 흥건해지고 전에 괜찮게 지낼 때, 충치니 풍치니 하던 것은 거짓말이었던 것처럼 아래 윗니가 송곳 끝같이 날카로워짐을 느끼었다. 안 초시는 그 날카로워진 이를 빈 입인 채 빠드득 소리가 나게 한 번 물어 보고 고개를 들었다.

하늘은 천 리같이 트였는데 조각 구름들이 여기저기 널리었다. 어떤 구름은 깨끗이 바래 말린 옥양목처럼 흰빛이 눈이 부시다. 안 초시는 이내 자기의 때문은 적삼 생각이 났다. 소매를 내려다보는 그의 얼굴은 날래 들리지 않는다. 거기는 한 조박의 녹두 빈자나 한 잔의 약주로써 어쩌지 못할, 더 슬픔과 더 고적함이 품겨 있는 것 같았다.

혹혹 소매끝을 불어 보고 손끝으로 튀겨 보기도 하다가 목침을 세우고 눕고 말았다.

"이사는 팔 하고 사오는 이십이라 천이 되지……. 가만……, 천이라? 사루 했으니 사천이라 사천 평……. 매평에 아주 줄여 잡아 오 환씩만 하게 돼두 사 환 칠십오 전씩이 남으니, 그럼…… 사사는 십육 일만 육천 환하구……."

안 초시가 다시 주먹구구를 거듭해서 얻어 낸 총액이 일만 구천 원, 단 천 원만 들여도 일만 구천 원이 되리라는 셈속이니, 만 원만 들이면 그게 얼만가? 그는 벌떡 일어났다. 이마가 화끈했다. 도사렸던 무릎을 얼른 곧추세우고 뛰나 보려는 사람처럼 쪼그렸다. 마코(담배 이름) 갑이 번연히 빈 것인 줄 알면서도 다시 집어다 눌러 보았다. 주머니에는 단 돈 십 전, 그도 안경다리를 고친다고 벌써 세 번짼가 네 번째 딸에게서 사오십 전씩 얻어 가지고는 번번히 담뱃값으로 다 내어보내고 말던 최후의 십 전, 안 초시는 주머니에 손을 넣어 그것을 집어 내었다. 백통화한 푼을 얹은 야윈 손바닥, 가만히 떨리었다. 서 참위의 투박한 손을 생각하면 너무나 잔망스러운 손이거니 하였다. 그러나 이따금 술잔은 얻어먹고, 이렇게 내 방처럼 그의 복덕방에서 잠까지 빌려 자건만 한 번도, 집 거간이나 해먹는 서 참위의 생활이 부럽지는 않았다. 그래도 언제든지 한 번쯤은 무슨 수가 생기어서 다시 한 번 내 집을 쓰게 되고, 내 밥을 먹게 되고, 내 힘과 내 낯으로 다시 한 번 세상에 부딪쳐 보려니 믿어졌다.

초시는 전에 어떤 관상쟁이의 '엄지손가락을 안으로 넣고 주먹을 쥐어야 재물이 나가지 않는다.' 는 말이 생각났다. 늘 그렇게 쥐노라고는 했지만 문득 생각이 나 내려다볼 때는, 으레 엄지손가락이 얄밉도록 밖으로만 쥐어져 있었다. 그래 드팀전을 하다도 실패를 하였고, 그래 집까지 잡혀서 장전을 내었다가도 그만 화재를 보았거니 하는 것이다.

"이놈의 엄지손가락아, 안으로 좀 들어가아, 젠장."

하고 연습삼아 엄지손가락을 먼저 안으로 넣고 아프도록 두 주먹을 꽉 쥐어보았다. 그리고 당장 내어보낼 돈이면서도 그 십 전짜리를 그렇게 쥔 주먹에 단단히 넣고 담배 가게로 나갔다.

이 복덕방에는 흔히 세 늙은이가 모이었다.

언제 누가 와, 집 보러 가잘지 몰라, 늘 갓을 쓰고 앉아서 행길을 잘 내다보는, 얼굴 붉고 눈방울 큰 노인이 주인 서 참위다. 참위로 다니다가 합병 후에는 다섯 해를 놀면서 시기를 엿보았으나 별수가 없을 것 같아서 이럭저럭 심심파적(심심풀이)으로 갖게 된 것이 이 가옥 중개업이었다. 처음에는 겨우 굶지 않을 만한 수입이었으나 대정 팔구 년 이후로는 시골 부자들이 세금에 몰려, 혹은 자녀들의 교육을 위해 서울로만 몰려들고, 그런데다 돈은 흔해져서 관철동, 다옥정 같은 중앙 지대에는 그리 고옥만 아니면 만 원대를 예사로 훌훌 넘었다. 그 판에 봄가을로 어떤 달에는 삼사백 원 수입이 있어, 그러기를 몇 해를 지나지 않아서는 창동 근처에 땅을 장만하기 시작하였다. 지금은 중개업자도 많이 늘었고 건양사 같은 큰 건축 회사가 생기어서 당자까지 직접 팔고 사는 것이 원칙처럼 되어 가기 때문에 중개료의 수입은 전보다 훨씬 준 셈이다. 그러나 이십여 간 집에 학생을 치고 싶은 대로 치기 때문에 서 참위의 수입이 없는 달이라고 쌀값이 밀리거나 나무값에 졸릴 형편은 아니다.

"세상은 먹구 살게는 마련야……."

서 참위가 흔히 하는 말이다. 칼을 차고 훈련원에 나서 병법을 익힐 제는, 한번 호령만 하고 보면 산천이라도 물러설 것 같던 그 기개와 오늘의 자기, 한낱 가쾌(집주릅)로 복덕방 영감으로 기생, 갈보 따위가 사글셋방 한 칸을 얻어 달래도 네네 하고 따라나서야 하는, 만인의 심부름꾼인 것을 생각하면 서글픈 눈물이 아니 날 수도 없는 것이다. 워낙 술을 즐기기도 하지만 어떤 때는 남몰래 이런 감회를 이기지 못해서 술집에 들어선 적도 여러 번이다.

그러나 호반(무인)들의 기개란 흔히 혈기에서 나오는 것이기 때문인지 몸에서 혈기가 줆을 따라 그런 감회를 일으킴조차 요즘은 적어지고 말았다. 하루는 집에서 점심을 먹다 듣노라니 무슨 장사치의 외는 소리인데 아무래도 귀에 익은 목청이다. 자세히 귀를 기울이니 점점 가까이 오는 소리인데 제법 무엇을 사라는 소리가 아니라 '유리병이나 간장통 팔겠소.' 하는 소리이다. 그런데 그 목청이 보면 꼭 알 사람 같아, 일어서 마루 들창으로 내어다보니, 이번에는 '가마니나 신문 잡지나 팔겠소.' 하면서 가마니 두어 개를 지고 한 손에는 저울을 들고 중노인이 된 사나이가 지나가는데 아는 사람은 확실히 아는 사람이다. 그러나 그를 어디서 알았으며 성명이 무엇이며 애초에는 무엇을 하던 사람인지가 감감해지고 말았다.

"오오라! 그렇군……. 분명……. 저런!"

하고 그는 한참 만에 고개를 끄덕이었다. 그 유리병과 간장통을 외는 소리가 골목 안으로 사라져 갈 즈음에야 서 참위는 그가 누구인 것을 깨달아낸 것이다.

"동관 김 참위……. 허!"

나이는 자기보다 훨씬 연소하였으나 학식과 재기가 있는 데다 호령 소리가 좋아 상관에게 늘 칭찬을 받던 청년 무관이었었다. 이십여 년 뒤에 들어도 갈 데 없이 그 목청이요, 그 모습이었다. 전날의 그를 생각하고 오늘의 그를 보니 적이 감개에 사무치어 밥숟가락을 멈추고 냉수만 거듭 마시었다. 그러나 전에 혈기 있을 때와 달리 그런·기분이 오래가지는 않았다. 중학교 졸업반인 둘째 아들이 학교에 갔다 들어서는 것을 보고, 또 싸전에서 쌀값 받으러 와 마누라가 선선히 시퍼런 지전을 내어 세는 것을 볼 때 서 참위는 이내 속으로,

'거저 살아야지 별수 있나. 저렇게 개가죽을 쓰고 돌아다니는 친구도 있는데……. 에헴.'

하였을 뿐 아니라 그런 절박한 친구에다 대면 자기는 얼마나 훌륭한 지체냐 하는 자존심도 없지 않았다.

'지난 일 그까짓 생각할 건 뭐 있나. 사는 날까지……, 허허.'

여생을 웃으며 살 작정이었다. 그래 그런지 워낙 좀 실없는 티가 있는데다 요즘 와서는 누구에게나 농지거리가 늘어 갔다. 그래 늘 눈이 달리고 뾰로통한 입으로는 말끝마다 '젠장' 소리만 나오는 안 초시와는 성미가 맞지 않았다.

"쫌보야, 술 한 잔 사 주라?"

쫌보라는 말이 자기를 업신여기는 것 같아서 안 초시는 이내 발끈해 가지고,

"네깟 놈 술 더러 안 먹는다."

한다.

"화투패나 밤낮 떼면 너이 어멈이 살아온다덴?"

하고 서 참위가 발끝으로 화투장들을 밀어 던지면 그만 얼굴이 새빨개져서 쌔근쌔근하다가 부채면 부채, 담뱃갑이면 담뱃갑, 자기의 것을 냉큼 집어 들고 다시 안 올 듯이 새침해 나가 버리는 것이다.

"조게 계집이문 천생 남의 첩감이야."

하고 서 참위는 껄껄 웃어 버리나 안 초시는 이렇게 돼서 올라가면 한

이틀씩 보이지 않았다.

　한번은 안 초시의 딸의 무용회 날 밤이었다. 안경화라고, 한동안 토월회에도 다니다가 대판(오사카)에 가 있느니 동경에 가 있느니 하더니, 오륙 년 뒤에 무용가로 이름을 날리며 서울에 나타났다. 바로 제1회 공연 날 밤이었다. 서 참위가 조르기도 했지만, 안 초시도 딸의 사진과 이야기가 신문마다 나는 바람에 어깨가 으쓱해서 공표를 얻을 수 있는 대로 얻어 가지고 서 참위뿐 아니라 여러 친구를 돌라 줬던 것이다.

　"허! 저기 한가운데서 지금 한창 다릿짓하는 게 자네 딸인가?"

　남은 다 멍멍히 앉았는데 서 참위는 해괴한 것을 보는 듯, 마땅치 않은 어조로 물었다.

　"무용이란 건 문명국일수록 벗구 한다네그려."

　약기는 한 안 초시는 미리 이런 대답으로 막았다.

　"모르겠네 원……. 지금 총각놈들은 모두 등신인가 봐……."

　"왜?"

하고 이번에는 다른 친구가 탄하였다.

　"우린 총각 시절에 저런 걸 보문 그냥 못 배기네."

　"빌어먹을 녀석……. 나잇값을 못 하구, 개야 저건 개……."

　벌써 안 초시는 분통이 발끈거려서 나오는 소리였다.

　한 가지가 끝나고 불이 환하게 켜졌을 때다.

　"도루, 차라리 여배우 노릇을 댕기라구 그래라. 여배운 그래두 저렇게 넓적다린 내놓구 덤비지 않더라."

　"그 자식 오지랖 경치게 넓네. 네가 안방 건넌방이 몇 칸이요나 알았지 뭘 쥐뿔이나 안다구 그래? 보기 싫건 나가렴."

하고 안 초시는 화를 발끈 내었다. 그러니까 서 참위도 안방 건넌방 말에 화가 나서 꽤 높은 목소리로,

　"넌 또 뭘 아니? 요 쫌보야."

하고 일어서 버렸다. 이 일이 있은 후 안 초시는 거의 달포나 서 참위의 복덕방에 나오지 않았었다. 그런 걸 박희완 영감이 가서 데리고 왔었다.

박희완 영감이란 세 영감 중의 하나로 안 초시처럼 이 복덕방에 와 자기까지는 안하나 꽤 쏠쏠히 놀러 오는 늙은이다. 아니, 놀러 오기만 하는 것이 아니라 와서는 공부도 한다. 재판소에 다니는 조카가 있어 대서업 운동을 한다고 〈속수 국어 독본〉을 노상 끼고 와 그 〈삼국지〉 읽던 투로,

"긴상 도코에 유키이마스카(김 선생 어디 가십니까?)."

어쩌고를 외고 있는 것이다.

그러나 〈속수 국어 독본〉 뚜껑이 손때에 절고, 또 어떤 때는 목침 위에 받쳐 베고 낮잠도 자서 머리 때까지 새까맣게 절어 조선총독부 편찬이란 잔글자들은 보이지 않게 되도록, 대서업 허가는 의연히 나오지 않는 모양이었다.

"너나 내나 다 산 것들이 업은 가져 뭘 허니. 무슨 세월에⋯⋯. 흥!" 하고 어떤 때, 안 초시는 한나절이나 화투패를 떼다 안 떨어지면 그 화풀이로 박희완 영감이 들고 중얼거리는 〈속수 국어 독본〉을 툭 채어 행길로 팽개치며 그랬다.

"넌 또 무슨 재술 바라구 밤낮 화투패나 떨어지길 바라니?"

"난 심심풀이지."

그러나 속으로는 박희완 영감보다 더 세상에 대한 야심이 끓었다. 딸이 평양으로 대구로 다니며 지방 순회까지 하여서 제법 돈냥이나 걷힌 것 같으나 연구소를 내느라고 집을 뜯어고친다, 유성기를 사들인다, 교제를 하러 돌아다닌다 하느라고, 더구나 귀찮게만 아는 이 애비를 위해 쓸 돈은 예산에부터 들지 못하는 모양이었다.

"얘? 낡은 솜이 돼 그런지, 삯바느질이 돼 그런지 바지 솜이 모두 치

어서 어떤 덴 홑옷이야. 암만해두 샤쓸 한 벌 사 입어야겠다."
하고 딸의 눈치만 보아오다 한 번은 입을 열었더니,

"어련히 인제 사 드릴라구요."
하고 딸의 대답은 선선하였으나 셔츠는 그 해 겨울이 다 지나도록 구경
도 못 하였다. 셔츠는커녕 안경 다리를 고치겠다고 돈 일 원만 달래도
일 원 짜리를 군이 바꿔다가 오십 전 한 닢만 주었다. 안경은 돈을 좀
주무르던 시절에 장만한 것이라 테만 오륙 원 먹는 것이어서 오십 전만
으로 그런 다리는 어림도 없었다. 오십 전짜리 다리도 있지만 살 바에
는 조촐한 것을 택하던 초시의 성미라 더구나 면상에서 짝짝이로 드러
나는 것을 사기가 싫었다. 차라리 종이 노끈인 채 쓰기로 하고 오십 전
은 담뱃값으로 나가고 말았다.

"왜 안경다린 안 고치셨어요?"
딸이 그 날 저녁으로 물었다.

"흥⋯⋯."
초시는 말은 하지 않았다. 딸은 며칠 뒤에 또 오십 전을 주었다. 그러
면서 어떻게 들으라고 하는 소리인지,

"아버지 보험료만 해두 한 달에 삼 원 팔십 전씩 나가요."
하였다. 보험료나 타먹게 어서 죽어 달라는 소리로도 들리었다.

"그게 내게 상관 있니?"

"아버지 위해 들었지, 누구 위해 들었게요 그럼?"
초시는 '정말 날 위해 하는 거면 살아서 한 푼이라두 다오. 죽은 뒤에
내가 알 게 뭐냐.' 소리가 나오는 것을 억지로 참았다.

"오십 전이문 왜 안경다릴 못 고치세요?"
초시는 설명하지 않았다.

"지금 아버지가 좋구 낮은 걸 가리실 처지야요?"
그러나 오십 전은 또 마코 값으로 다 나갔다. 이러기를 아마 서너 번

째다.

"자식도 소용 없어. 더구나 딸자식……. 그저 내 수중에 돈이 있어야……."

초시는 돈의 긴요성을 날로날로 더욱 심각하게 느끼었다.

"돈만 가지면야 좀 좋은 세상인가!"

심심해서 운동삼아 좀 나다녀 보면 거리마다 짓느니 고층 건축들이요, 동네마다 느느니 그림 같은 문화 주택들이다. 조금만 정신을 놓아도 물에서 갓 튀어나온 메기처럼 미끈미끈한 자동차가 등덜미에서 소리를 꽥 지른다. 돌아다보면 운전수는 눈을 부릅떴고 그 뒤에는 금시곗줄이 번쩍거리는, 살진 중년 신사가 빙그레 웃고 앉았는 것이었다.

"예순이 낼 모레……. 젠장할 것."

초시는 늙어 가는 것이 원통하였다. 어떻게 해서나 더 늙기 전에 적게 돈 만 원이라도 붙들어 가지고 내 손으로 다시 한 번 이 세상과 교섭해 보고 싶었다. 지금 이 꼴로서야 문화 주택이 암만 서기로 내게 무슨 상관이며 자동차, 비행기가 개미 떼나 파리 떼처럼 퍼지기로 나와 무슨 인연이 있는 것이냐. 세상과 자기와는 자기 손에서 돈이 떨어진, 그 즉시로 인연이 끊어진 것이라 생각되었다.

'그러면 송장이나 다름없지 뭔가?'

초시는 이런 질문을 자신에게 던진 지가 이미 오래였다.

'무슨 수가 없을까?'

또,

'무슨 그루터기가 있어야 비비지!'

그러다도,

'그래도 돈냥이나 엎질러 본 녀석이 벌기도 하는 게지.'

하고, 그야말로 무슨 그루터기만 만나면 꼭 벌기는 할 자신이었다.

그러다가 박희완 영감에게서 들은 말이었다. 관변에 있는 모 유력자를 통해 비밀리에 나온 말인데 황해 연안에 제이의 나진이 생긴다는 말이었다. 지금은 관청에서만 알 뿐이나 축항 용지는 비밀리에 매수되었으므로 불원하여 당국자로부터 공표가 있으리라는 것이었다.

　"그럼, 거기가 황무진가? 전답들인가?"

　초시는 눈이 뻘게 물었다.

　"밭이라데."

　"밭? 그럼 매평 얼마나 간다나?"

　"좀 올랐대. 관청에서 사는 바람에 아무리 시굴 사람들이기루 그만 눈치 없겠나. 그래두 무슨 일루 관청서 사는진 모르거든……."

　"그래?"

　"그래. 그리 오르진 않았대……. 아마 평당 이십오륙 전씩이면 살 수 있다나보네. 그러니 화중지병이지 뭘 허나 우리가……."

　"음……."

　초시는 관자놀이가 욱신거리었다. 정말이기만 하면 한 시각이라도 먼저 덤비는 놈이 더 먹는 판이다. 나진도 오륙 전 하던 땅이 한 번 개항된다는 소문이 나자 당년으로 오륙 전의 백 배 이상이 올랐고 삼사 년 뒤에는, 땅 나름이지만 어떤 요지는 천 배 이상이 오른 데가 많다.

　'다 산 나이에 오래 끌 건 뭐 있나. 당년으로 넘겨두 최소한도 오환씩야 무려할 테지…….'

　혼자 생각한 초시는,

　"대관절 어디란 말야 거기가?"

하고 나앉으며 물었다.

　"그걸 낸들 아나?"

　"그럼?"

　"그 모씨라는 이만 알지. 그게 날더러 단 만 원이라도 자본을 운동

하면 자기는 거기서도 어디어디가 요지라는 걸 설계도를 복사해낸 사람이니까, 그 요지만 산단 말이지. 그리구 많이두 바라지 않어. 비용 죄다 제치구 순이익의 이 할만 달라는 거야."

"그럴 테지……. 누가 그런 자국을 일러 주구 구경만 하자겠나……. 이 할이라……, 이 할……."

초시는 생각할수록 이것이 훌륭한, 그 무슨 그루터기가 될 것 같았다. 나진의 선례도 있거니와 박희완 영감 말이 만주국이 되는 바람에 중국과의 관계가 미묘해지므로 황해 연안에도 으레 나진과 같은 사명을 갖는 큰 항구가 필요할 것은 우리 상식으로도 추측할 바이라 하였다. 초시의 상식에도 그것을 믿을 수 있었다.

오늘은 오래간만에 피죤(담배 이름)을 사서, 거기서 아주 한 대를 피워 물고 왔다. 어째 박희완 영감이 종일 보이지 않는다. 다른 데로 자금 운동을 다니나 보다 하였다. 서 참위는 점심 전에 나간 사람이 어디서 흥정이 한 자리 떨어지느라고인지 아직 돌아오지 않는다. 안 초시는 미달이틀 위에서 화투를 꺼내었다.

"허, 이거 봐라!"

여간해선 잘 떨어지지 않던 거북패가 단번에 뚝 떨어진다. 누가 옆에 있어 좀 보아 줬으면 싶었다.

"아무래두 이게 심상치 않어……. 이제 재수가 틔나부다!"

초시는 반도 타지 않은 담배를 행길로 내어던졌다. 출출하던 판에 담배만 몇 대를 피고 나니 목이 컬컬해진다. 집앞 수채에는 뜨물에 떠내려가다 막힌 녹두 껍질이 그저 누렇게 보인다.

"오냐, 내년 추석엔……."

초시는 이 날 저녁에 박희완 영감에게서 들은 이야기를 딸에게 하였다. 실패는 했을지라도 그래도 십수 년을 상업계에서 논 안 초시라 출자를 권유하는 수작만은 딸이 듣기에도 딴사람인 듯 놀라웠다. 딸은 즉석에서 가부를 말하지 않았으나 그의 머릿속에도이내 잊혀지지 않았던지 다음 날 아침에는, 딸 편이 먼저 이 이야기를 다시 꺼내었고, 초시가 박희완 영감에게 묻던 이상으로 시시콜콜히 캐어물었다. 그러면 초시는 또 박희완 영감 이상으로 손가락으로 가리키듯 소상히 설명하였고, 일 년 안에 청장을 하더라도 최소한도로 오십 배 이상의 순이익이 날 것이라 장담 장담하였다.

딸은 솔깃하였다. 사흘 안에 연구소 집을 어느 신탁 회사에 넣고 삼천 원을 돌리기로 하였다. 초시는 금시 발복이나 된 듯 뛰고 싶게 기뻤다.

"서 참위 이놈, 날 은근히 멸시했겄다. 내 굳이 널 시켜 네 집보다 난 집을 살 테다. 네깟 놈이 천생 가쾌지 별거냐……."

그러나 신탁 회사에서 돈이 되는 날은 웬 처음 보는 청년 하나가 초시의 앞을 가리며 나타났다. 그는 딸의 청년이었다. 딸은 아버지의 손에 단 일 전도 넣지 않고 꼭 그 청년이 나서 돈을 쓰며 처리하게 하였다. 처음에는 팩 나오는 노염을 참을 수가 없었으나 며칠 밤을 지내고 나니, 적어도 삼천 원의 순이익이 오륙만 원은 될 것이라, 만 원 하나야 어디로 가랴 하는 타협이 생기어서 안 초시는 으슬으슬 그, 이를테면 사위 녀석 격인 청년의 뒤를 따라나섰다.

일 년이 지났다.

모두 꿈이었다. 꿈이라도 너무 악한 꿈이었다. 삼천 원어치 땅을 사 놓고 날마다 신문을 훑어보며 수소문을 하여도 거기는 축항이 된단 말이 신문에도, 소문에도 나지 않았다. 용당포와 다사도에는 땅값이 삼십 배가 올랐느니 오십 배가 올랐느니 하고 졸부들이 생겼다는 소문이 있어도 여기는 감감소식일 뿐 아니라 나중에 역시 이것도 박희완 영감을 통해 알고 보니 그 관변 모씨에게 박희완 영감부터 속아 떨어진 것이었다. 축항 후보지로 측량까지 하기는 하였으나 무슨 결점으로인지 중지되고 마는 바람에 너무 기민하게 거기다 땅을 샀던, 그 모씨가 그 땅 처치에 곤란하여 꾸민 연극이었다.

돈을 쓸 때는 일 원짜리 한 장 만져도 못 봤지만 벼락은 초시에게 떨어졌다. 서너 끼씩 굶어도 밥 먹을 정신이 나지도 않았거니와 밥을 먹으러 들어갈 수도 없었다.

"재물이란 친자간의 의리도 배추 밑 도리듯 하는 건가?"

탄식할 뿐이었다. 밥보다는 술과 담배가 그리웠다. 물론 안경다리는 그저 못 고치었다. 그러니 이제는 오십 전짜리는커녕 단 십 전짜리도 얻어 볼 길이 없다.

추석 가까운 날씨는 해마다의 그 때와 같이 맑았다. 하늘은 천 리같이 트였는데 조각 구름들이 여기저기 널리었다. 어떤 구름은 깨끗이 바래 말린 옥양목처럼 흰빛이 눈이 부시다. 안 초시는 이번에도 자기의 때문은 적삼 생각이 났다. 그러나 이번에는 소매 끝을 불거나 떨지는 않았다. 고요히 흘러내리는 눈물을 그 더러운 소매로 닦았을 뿐이다.

여름이 극성스럽게 덥더니, 추위도 그럴 징조인지 예년보다 무서리가 일찍 내리었다. 서 참위가 늘 지나다니는 식은(식산은행) 관사에는 울타리가 넘게 피었던 코스모스들이 끓는 물에 데쳐 낸 것처럼 시커멓게 무르녹고 말았다.

참위는 머리가 띵하였다. 요즘 와서 울기 잘하는 안 초시를 한번 위로해 주려, 엊저녁에는 데리고 나와 청요릿집으로, 추탕집으로 새로 두 점을 치도록 돌아다닌 때문 같았다. 조반이라고 몇 술 뜨기는 했으나 혀도 그냥 뻑뻑하다. 안 초시도 그럴 것이니까 해는 벌써 오정 때지만 끌고 나와 해장술이나 먹으리라 하고 부지런히 내려와 보니, 웬일인지 복덕방이라고 쓴 베발이 아직 내어 걸리지 않았다.

"이 사람 봐아……. 어느 땐 줄 알구 코만 고누……."

그러나 코고는 소리는 들리지 않았다. 미닫이를 밀어 젖힌 서 참위는 정신이 번쩍 났다. 안 초시의 입에는 피, 얼굴은 잿빛이다. 방 안은 움 속처럼 음습한 바람이 횡 끼친다.

"아니……?"

참위는 우선 미닫이를 닫고 눈을 비비고 초시를 들여다보았다. 안 초 시는 벌써 아니요, 안 초시의 시체일 뿐, 둘러보니 무슨 약병인 듯한 것 하나가 굴려져 있다.

참의는 한참 만에야 이 일이 슬픈 일인 것을 깨달았다.

"허……!"

파출소로 갈까 하다 그래도 자식한테 먼저 알려야겠다 하고 말만 듣 던 그 안경화 무용 연구소를 찾아가서 안경화를 데리고 왔다. 딸이 한 참 울고 난 뒤다.

"관청에 어서 알려야지?"

"아니야요. 아스세요."

딸은 펄쩍 뛰었다.

"아스라니?"

"저……."

"저라니?"

"제 명예도 좀……."

하고 그는 애원하였다.

"명예? 안될 말이지. 명옐 생각하는 사람이 애빌 저 모양으로 세상 떠나게 해?"

"……."

안경화는 엎드려 다시 울었다. 그러다가 나가려는 서 참위의 다리를 그러안고 놓지 않았다. 그리고,

"절 살려 주세요."

소리를 몇 번이나 거듭하였다.

"그럼, 비밀은 내가 지킬 테니 나 하자는 대루 할까?"

"네."

서 참위는 다시 앉았다.

"부친 위해 보험 든 거 있지?"

"네, 간이 보험이야요."

"무슨 보험이던……, 얼마나 타게 되누?"

"사백팔십 원요."

"부친 위해 들었으니 부친 위해 다 써야지?"

"그럼요."

"에헴, 그럼……, 돌아간 이가 늘 속샤쓸 입구퍼 했어. 상등 털 샤쓰를 사다 입히구, 그 우에 진견으로 수의 일습 구색 맞춰 짓게 허구……, 선산이 있나, 묻힐 데가?"

"웬걸요, 없어요."

"그럼 공동 묘지라도 특등지루 널찍하게 사구……. 장례식을 장하게 해야 말이지 초라하게 해 버리면 내가 그저 안 있을 게야, 알아들어?"

"네에."

하고 안경화는 그제야 핸드백을 열고 눈물 젖은 얼굴을 닦았다.

안 초시의 소위 영결식이 그 딸의 연구소 마당에서 열리었다.

서 참위와 박희완 영감은 술이 거나하게 취해 갔다. 박희완 영감이 무얼 잡혀서 가져왔다는 부의 이 원을 서 참위가,

"장례비가 넉넉하니 자네 돈 그 계집애 줄 거 없네."

하고 우선 술집에 들러 거나하게 곱빼기들을 한 것이다.

영결식장에는 제법 반반한 조객들이 모여들었다. 예복을 차리고 온 사람도 두엇 있었다. 모두 고인을 알아 온 것이 아니요, 무용가 안경화를 보아 온 사람들 같았다. 그 중에는 고인의 슬픔을 알아 우는 사람인지, 덩달아 기분으로 우는 사람인지 울음을 삼키느라고 끅끅 하는 사람도 있었다. 안경화도 제법 눈이 젖어 가지고 신식 상복이라나 공단 같은 새까만 양복으로 관 앞에 나와 향불을 놓고 절하였다. 그 뒤를 따라 한 이십 명 관 앞에 와 꾸벅거리었다. 그리고 무어라고 지껄이고 나가는 사람도 있었다. 그들의 분향이 거의 끝난 듯하였을 때,

"에헴!"

하고 얼굴이 시뻘건 서 참위도 한마디 없을 수 없다는 듯이 나섰다. 향을 한 움큼이나 집어 놓아 연기가 시커멓게 올려 솟더니 불이 일어났다. 후후 불어 불을 끄고, 수염을 한 번 쓰다듬고 절을 했다. 그리고 다시,

"헴……."

하더니 조사를 하였다.

　　"나 서 참윌세, 알겠나? 흥……, 자네 참 호살세 호사야……. 잘 죽었
　　느니. 자네 살았으문 이만 호살 해 보겠나? 인전 안경다리 고칠 걱정
　　두 없구……, 아무튼지……."

하는데 박희완 영감이 들어서더니,

　　"이 사람 취했네그려."

하며 서 참위를 밀어냈다.

　　박희완 영감도 가슴이 답답하였다. 분향을 하고 무슨 소리를 한마디 했으면 속이 후련히 트일 것 같아서 잠깐 멈칫하고 서 있어 보았으나,

　　"으흐윽……."

하고 울음이 먼저 터져 고만 나오고 말았다.

　　서 참위와 박희완 영감도 묘지까지 나갈 작정이었으나 거기 모인 사람들이 하나도 마음에 들지 않아 도로 술집으로 내려오고 말았다.

한설야

과도기

강아지

과도기

1

창선이는 사 년 만에 옛 땅으로 돌아왔다. 돌아왔다느니보다 몰려 왔다. 놈들의 등쌀에 간도에서도 살 수 없게 된 때에, 한낱 광명과 같이 생각되며 덮어놓고 발끝이 향하여진 곳이 바로 예 살던 땅이었다.

그러나 밤을 타서 몰래 두만강 청얼음판을 기어 이 땅에 넘어 들어와 본즉 벌써 제서 생각하던 바와는 아주 딴판이었다.

'밭 하루갈이, 논 두어 마지기 살 돈만 벌었으면 흥타령을 부르며 고향으로 가겠는데…….'

창선이는 간도에 살 때에도 고향을 잊어 본 일은 없었고 어떻게 전량*을 쥐기만 하면 고향으로 돌아가리라고 일구월심 생각하였다. 더욱 저쪽의 관리, 경찰, 군대 —— 이런 것들이 겨끔내기*로 갈마들며* 세금이라 부역이라 잔등에서 피나게 굴고 엎친 데 덮치기로 구차한 사람은

---

* 전량(錢糧) 돈과 곡식.
* 겨끔내기 서로 번갈아 하기.
* 갈마들다 서로 번갈아 들다.

밤 사이에 도망갈 염려가 있다고 매질, 글겅이질을 더 세우는 판에 고향 생각이 억세게 간절해졌다.

　고향에도 물론 글겅이 패거리와 채찍 든 악바리들이 있는 것은 잘 알고 있었다. 또 그들의 학정도 무수히 받아 보았다. 그러나 고향 생각만 밀몰아 사무쳐 오는 통에 악바리들 생각보다 뒷소리로라도 입을 모아 함께 화풀이하던 이웃 사람 생각만이 고스란히 되살아와서,

　"에라, 같은 값이면 예 살던 땅, 옛 이웃 사람들을 찾아가느니라."
고 떠나 돌아왔던 것이다.

　그러나 막상 돌아와 보니 자기를 반겨 맞아 주는 곳은 아무데에도 없었다.

　'고국 산천이 그립다! 죽어도 돌아가 보리라.'
하던 사무친 생각은 점점 엷어져 갔다. 그리고 옛 마을 뒷고개에 올라선 때에는 두근두근하는 새로운 불안까지 생겼다.

　'무슨 낯으로 일가 친척과 동네 사람들을 대할까! 개똥밭 한 뙈기 살
　밑천도 없이……'

　그러며 창선이는,

　"후우."
길게 한숨을 쉬었다. 그래도 가슴은 막막할 뿐이었다. 그는 하염없이 고개 잔등에 턱 서며 꾸동쳐* 졌던 가장집물*을 내려놓았다.

　한숨 쉬어 가지고 좀 거뜬한 걸음으로 반가운 고향을 찾을 참이었다.

　"여보, 그 어린애 좀 내려놓고 한숨 들여 갑시다."

　"잠이 들었는데……. 새끼두, 또 오줌을 쌌구나, 에그 척척해라."

　아낙은 추위에 얼지 않게 넝마로 둥덩산같이 꾸동친 어린것을 등에서 내려놓았다. 오줌에 젖은 그의 잔등에 우련히 김이 서리었다.

---

* **꾸동치다**　단단히 욱여 넣다.
* **가장집물**(家藏什物)　집에 놓고 쓰는 온갖 살림 도구.

"여보, 이거 영 딴판이 됐구려!"

창선이는 흘낏 아낙을 보며 눈이 둥그레졌다.

고향은 알아볼 수 없게 변하였다. 변하였다기보다 홀랑 없어진 것 같았다. 그리고 그 대신 오리 만큼씩 되어 보이는 긴 벽돌집, 얼기설기한 쇠사슬집, 쇠고깔을 뒤집어쓴 둥그런 검은 무쇠통집, 그리고 겹으로 된 긴 철길이며 아슬아슬한 굴뚝들이 잠뿍 들어서 있었다.

"저게 다 무슨 기곗간인가?"

"참 원, 저 거먼 게 다 뭐유?…… 아, 저 쪽이 창리(그들이 살던 곳)가 아니우?"

아낙은 설마 그래도 고향이 통째로 날아갔거나 영장*이 되었으리라고는 믿지 않았다. 어디든지 그 근방에 남아 있을 것 같았고 금시 아물아물 뵈는 것 같기도 했다.

"저 바닷가까지 기곗간이 연달려 나갔는데 원 어디 마을이 있다구 그러우. 가만 있자, 저기가 형제 바위(바닷가에 있는 쌍바위)고 저기가 쿵쿵이*인데……."

"글쎄……. 저게 다 뭔가?"

아낙도 둘레둘레 찾아보나 옛 마을의 모습이라고는 아무데서도 찾아볼 수 없었다.

"아무래도 마을은 날아난 것 같아."

"강 면장네랑 최 순검네도 다 어디 갔는가?"

"그런 사람이야 국록을 먹는데 어디 간들 못 살겠소."

"그래도 우리처럼 훌훌 옮기겠소? 강 돼지(면장)네는 삼백 년인지 오백 년인지 어느 임금 때부터 이 땅에 살았다는데……. 그리고 최 순검이야 독립군 잡아 준 공으로 저 사람네도 만만히 굴지 못한다지 않

---

* 영장 '송장'의 사투리.
* 쿵쿵이 파도가 심한 여울.

소. 그러니 어디로 가라 마라 할 수 없지 않소."

겨울 해는 벌써 서산머리에 나붓거린다. 검은 바다에서 불어오는 짜디짠 바람이 살을 에는 눈기운을 머금고 휙휙 불어친다. 그들은 걸을 힘이 나지 않았다. 간도땅에서 한낱 태산같이 믿고 온 고향이요, 구주와 같이 믿고 온 형의 집이 죄다 간 곳 없으니, 어디를 가면 좋을지 알 수가 없게 되었다.

"그래도 가 봅시다. 저기 가서 물어 보문 알겠지."

아낙은 아직도 무엇을 믿기만 하는 모양이다. 가 보면 무슨 도리가 혹 있을 것 같았던 것이다.

"원, 땅과 물어 본담; 바다와 물어 본담!"

창선이는 끙끙거리며 다시 짐을 짊어졌다.

"점심밥이 좀 남았던가?"

"웬 게 남아요. 찔게(반찬) 없는 밥 암만 먹어야 배가 일어서야지."

그들은 턱도 없는 곳을 향하여 걸어갔다. 길쭉길쭉한 벽돌집(회사 사택)들이 병대같이 규칙 있게 산비탈에 나란히 서 있다.

평바닥에는 고래등같이 커다란 공장들이 들어차 있다. 높다란 굴뚝들이 거만스럽게 우뚝우뚝 버티고 서 있다.

이 쪽에는 잘방게 같은 오막살이 집들이 굵은 벽돌집 서슬에 불려 갈 듯이 황송히 쪼크리고 있다. 호떡집에서 나는 가는 연기가 자기네와 인연 있는 살림 표적 같아서 창선이는 다심한 눈으로 바라보며 걸어갔다.

검푸른 공장복에다 진흙빛 감발을 친 중국 사람인지 조선 사람인지 일인인지 모를 눈에 서툰 사람들이 바쁘게 쏘다닌다. 허리를 질끈질끈 동여맨 소매 기다란 중국 사람들이 왈왈거리며 지나간다.

조선 사람이라고 생각되는 사람들은 어울리지 않는 감발을 치고, 상투를 갓 자르고 남도 사투리를 쓰는 패뿐이다. 옛날같이 상투 짜고 곰방대를 든 친구들은 하나도 볼 수 없었다.

창선이는 그런 패를 만날 때마다 무엇을 물어 볼 듯이 머뭇머뭇하곤 하였다. 그러나 웬일인지 말이 나가지 않았다. 그리하여 여러 패를 그저 지나 보내었다. 입에서 금시 말이 나갈 듯하다가는 짐짓 막혀 버리고 혹여 어디에 보던 사람이 있겠지 하는 생각이 들며 딴 데를 두릿두릿 살펴보았다. 얼마를 그렇게 가다가 창선이는 저 멀리서 흰옷 입은 사람 하나가 오는 것을 보았다. 그러나 역시 멀리서 보아도 예 보던 사람같이 흙 냄새, 물고기 냄새 나는 텁텁한 사람은 아니다. 그런데 다만 그가 혼자서 오는 데서 적이 마음이 누그러지며 그에게 말을 물어 보리라고 창선이는 생각하였다.

"원 모두 험상궂은 사람들뿐이니⋯⋯. 사람조차 변했는지⋯⋯, 공연히 나왔지, 이거 어디 살겠소?"

아낙은 근심스러운 푸념을 하였다. 와 보면 무슨 수가 있을 것 같던 희망이 이제는 후회로 변하였다.

"저기 오는 사람에게 물어 보문 알겠지. 설마 산 사람 입에 거미줄 치겠소. 막벌이라도 해 먹지 뭘⋯⋯."

창선이는 인제 막다른 골목에 서는 듯, 여기서 맨주먹을 휘두르면서라도 헤치고 나가야겠다는 생각이 들었다.

"여보시오."

창선이는 앞에 오는 흰옷 입은 사람을 부르며 주춤하였다.

"여기 저 바닷가 창리가 어디로 갔는지 모르겠소?"

"창리요?"

하고 그는 창선이 내외를 아래위로 훑어보다가 대수롭지 않게 대답하였다.

"저 고개 너머 구룡리로 갔소. 벌써 언제라구⋯⋯."

"구룡리요?"

창선이는 조금 숨이 나왔다. 구룡리는 잘 아는 곳이었다. 고향은 아니라도 고향 사촌쯤은 되는 곳이다. 집이 몇 채 있고 길이 어떻게 난 것까지 머리에 남아 있었다.

　"저 구룡리 말이지요……. 그래 창리 집들은 죄다 그리고 갔나요? 혹 창룡이(그의 형)라고 모르겠소?"

　"알 수 없는데요."

하고 흰옷 입은 노동자는 바쁜 걸음으로 지나쳐 버렸다.

　창선이는 그 사람이 가는 편을 흘낏 바라보고는 아낙을 향하여 애오라지* 웃음을 보였다.

　"구룡리로 갔다는구려. 웬 판국인지 이놈의 조화를 누가 안담."

　"뒈질 놈들, 해필 창리라야 맛인가……."

　"거기가 알짬*이거든. 생긴 것만 보라구……. 하기사 살기 좋은 곳부터 뺏들어 먹는 놈들이 아닌가."

　두 내외는 바로 구룡리 뒷재를 향하여 걸어갔다.

　좀 기운이 나는 것 같았다. 짐을 진 남편의 등판도 좀 가뿐해진 것 같았고 아낙의 보퉁이도 얼마쯤 가벼워지는 듯했다.

2

　구룡리 뒷재는 언청이처럼 둘로 짝 갈라져 있고 그 째진 사이로 철둣길이 살대같이 해변으로 뻗어져 있었다. 철도 길목에 올라서니 레일이 남북으로 한없이 늘어져 있다. 어디서 왔는지, 어디까지 갔는지 끝간 데가 아물아물 사라져 보이지 않았다.

　변해진 모든 것이 놀랍고 야단스러워 보였다. 그러나 그만큼 눈에 서툴고 인정모가 보이지 않았다. 소 수레나 고깃배가 얼마나 정답게 생각

＊ 애오라지　'겨우'를 강조하여 이르는 말.
＊ 알짬　여럿 가운데 가장 중요한 내용.

혀지는지 몰랐다. 왱왱 하는 기차 소리는 아무래도 귀에 아츠러웠다*.

창선이는 꿈인 듯 옛일이 새로워졌다. 산비탈 다박머리 소나무* 그늘 아래 낮잠 자던 그 옛일이 어제런 듯 새로워졌다. 두세 오리 전선줄에 강남 제비 쉬어 가는 그 봄철에 밭 갈던 기억이 그리워졌다. 구운 가자미에 차조밥 점심을 든든히 먹고 엉금엉금 김 매던 그밭이 정다워 보였다. 동네 아이들 —— 검둥이, 센둥이, 앞방녀, 뒷방쇠가 첫새벽부터 황소, 암소들을 척척 걸터타고 〈아리랑〉, 〈산염불〉을 부르며 소 먹이러 다니던 것도 바로 이 근방이다.

"개똥녀야, 쇠 멕이라 안 가겠니?"

이렇게 부르면,

"찡냥쇠냐, 그래라 나간다. 쌍돌이 헛간쇠 안 왔니?"

이렇게 대답들 하며 소를 몰고 나섰다.

"야, 너희 쇠는 양주머리*가 불룩하구나!"

"우리 쇠사 황소니까 그렇지."

"야, 황쇠는 암내를 내서 봄이면 여빈단다.*"

이렇게 이야기를 하는 사이에 소 먹이는 아이들은 넷, 다섯……, 또 십여 명씩 모인다. 그러면 노래와 타령이 저절로 나왔다.

꿀보다 더 단 건 왜놈의 사탕

놀기나 좋기는 세벌상투.

아리랑 아리랑 아라리요

아리랑고래로 날 넘겨라.

---

* **아츠럽다** 보거나 듣기에 견디기 어려울 정도로 거북하다.
* **다박머리 소나무** 다복솔. 가지가 탐스럽고 소복하게 많이 퍼진 어린 소나무.
* **양주머리** '양지머리'의 사투리. 소의 가슴에 붙은 뼈와 살.
* **여비다** '여위다'의 사투리.

시냇가 강변에 돌도 많고
이내 시집에 말도 많다.

　노래와 이야기로 해 가는 줄을 몰랐다. 때로는 소를 말뚝에 매어 놓고, 수수께끼, 사또놀음, 소경놀음, 말놀음도 하였다. 그러다가 겨울이 되면 바닷가에 나가서 고깃그물에 고드름같이 줄달린 고기도 잡아낸다. 이 고장은 대개 절반은 농사요 절반은 고기잡이기 때문에 어린아이들도 두 가지 일을 하였다. 고기 잘 잡히는 해면 어린아이들도 하루 수삼십 전 벌이를 하였다. 또 그 일 때문에 처녀 총각이 만나는 도수가 많았고 또 예사로 이야기들을 하였다. 이런 중에서 창선이도 지금의 아낙을 만났던 것이다. 시쳇말로 하자면 연애를 했던 것이다.
　"야, 이거 안 먹니 뉘?"
　창선이는 개눈깔사탕을 사 가지고 가서 소를 먹이다가 일부러 순남이(그의 아낙) 곁에 가까이 가서 개눈깔사탕을 쥔 손을 번쩍 들며,
　"뉘?"
하고 소리를 쳤다.
　"내!"
　"내다!"
　아이들은 연해 연방 이렇게 나도 나도 소리소리 외치며 덤비었다.
　"옛다, 순남이 첫째다!"
　창선이는 누가 먼저 '내' 했겠든지, 그런 건 알잘 것 없이 애초의 예정한 대로 한두 알 순남에게 주고는 남은 것은 제 입에 몽땅 쓸어 넣었다.
　"야, 순남아, 깨물어 먹지 말고 녹여라. 뉘가 더 오래 녹이나 내기할까?"
　그러면 여러 아이들은 부러워서 침을 꿀떡꿀떡 삼킨다.

"저 간나새끼, 사를 쓰누나*. 내가 먼전데 어째 순남일 주니."

"옳다, 저 애가 먼저다. 그 담에 낸데……. 너……, 순남이 네 각시냐?"

"내 순남이 어머니한테 이르지 않는가 봐라."

이렇게 철없는 불평이 터지곤 했다. 그러면 멋모르는 순남이는 약이 올라 악을 썼다.

"야, 이 종간나새끼, 각시란 건 무시기냐? 야, 이 간나야, 넌 울 어머니에게 무스거 이르겠니? 너는 어째 쌍돌이 꽈리를 가졌니?"

"이 간나, 내 언제 가졌니?"

이렇게 싸움이 터지기도 하였다. 그러나 이런 것이 모두 소박한 그들의 가슴에 잊을 수 없는 뿌리를 내리었다.

나이 먹을수록 창선이와 순남이는 서로 내외를 하게 되었다. 어떤 때는 까닭 없이 외면하는 일도 있었다. 그러나 내외를 하고 외면을 하니만큼 이면의 그 무엇은 커질 뿐이었다.

김을 매다가도 순남이가 메나물이나 달래 캐러 나온 것을 보기만 하면 창선이는 사람 보지 않는 틈을 타서 그리로 가곤 하였다.

"뭘 캐니? 메냐?"

"메를 캐는기, 있어야지……. 깊이 파야 모래 속에 있어……."

순남이는 흘낏 보고는 고개를 반쯤 돌렸다. 말씨도 전보다 한결 점잖아지고, 하는 태도도 마냥 숫처녀다워졌다.

"내 캐 줄까? 오늘 저녁에 메떡을 먹으러 간다, 응?"

"누가 오지 말라니……. 오늘 저녁에 메떡을 하겠다."

"야, 정말? 나 꼭 간다. 그러다가 너희 집에서 욕하문 어쩌겠니?"

"언제 욕먹어 봤니. 와 보지도 않구……."

이리하여 순박한 마음은 풀 수 없게 맺어졌다.

＊ **사를 쓰다** 일 처리에 공정하지 못하게 안면이나 사사로운 정을 이용하다.

해마다 있는 일이건만 겨울이 되면 새 소식처럼 해사 이야기가 쫙 퍼진다. 은어가 잡히고 명탯배가 들어오면 고기 풍년이 들었다고, 살판을 만났다고 남녀노소 없이 야단들이었다.

아낙네들은 함지박을 이고 남자들은 수레를 몰고 고기받이를 다녔다. 순남이도 해마다 다녔다. 고기는 늘 창선이네 배에 가서 사 오곤 하였다. 창선이는 자기 집 고깃배만 포구에 들어오면 부리나케 나가서 고기팔이를 하였다. 그 일 하는 것이 창선이에게는 가장 큰 기쁨이었다. 그것은 날마다 순남이가 고기받이를 오기 때문이었고 은근한 희망이 따르는 일이었기 때문이다. 창선이는 새벽부터 배에 올라가 신이 나서 고기를 세어 넘기곤 하였다.

"한 두름에 얼마요?"

고기받이꾼이 이렇게 물으면,

"석 냥어치면 목대가 부러지오."

하고 창선이는 대답하였다.

"석 두름만 세오."

그러면 창선이는 기다란 '찍개'를 들고 고기 대가리를 찍어 아낙네들의 함지박에 세어 넘기었다.

"하나요, 둘이요……, 열이요 이런나니 한 두름……. 자 세 마리 더 넘어가오. 이런나니 또 새로 하나이요, 둘이요……."

창선이는 나이 젊고 고기 다루는 데 그리 익숙하지 못해서 흔히 아낙네들 것만 세곤 하였다. 한 차례 세고 이마에 땀이 주르르 해서 느른한 허리를 펴며 고개를 들면, 그를 둘러싼 아낙네 틈에는 으레 순남이가 끼여 있었다. 고기 세는 사람이 한둘이 아니니까, 순남이는 똑바로 창선이의 앞에 함지박을 내려놓지 않고 그저 그의 앞 비스듬히 내려놓고는, 발끝을 내려다보다가는 가없는 넓은 바다에 말없이 시선을 주곤 하였다. 그 때마다 순남이의 얼굴은 어쩐지 좀 붉어지는 듯했다.

그러면 창선이는 비쭉 웃고 명태 중에서 알 잘 든 놈을 골라 가며, 찍개로 척척 찍어 그의 함지박에 세어 놓았다. 어물어물 한 두름에 예닐곱 마리씩은 으레 더 넘겨 주었다.

순남이네도 농사만으로는 살아갈 수 없는 살림이었다.

그도 소 수레나 있는 집에서는 한 번에 서른 두름, 쉰 두름씩 받아 가지고 먼 농촌으로 돌아다니며 팔아 넘기지만 순남이네처럼 구차한 집들에서는 수레 대신 사람의 목대로 고기를 받아 이고 가까운 마을로 돌아다니며 낱개로 조아팔아서 겨우 입에 풀칠이나 하였다. 그러나 그러니만치 그래도 바다는 아직 이 사람들에게 있어 은혜로운 존재가 아닐 수 없었다. 그런데 어느덧 세월은 점점 이 사람들에게 나쁘게만 변하여 갔다. 발동선이 새로 바다의 주인으로 등장하였다. 그리하여 돈 가진 사람과 일본 사람의 큰 배 하나가 이 고장 어부들의 조그만 목선 몇 십 척씩을 밀어젖히면서 독판을 치게 되었다.

그래서 결국 창선이네도 대대로 해 오던 고기잡이를 그만두지 않으면 안 되었고 아버지마저 학대와 곤궁 속에 세상을 떠난 뒤 창선이는 형과 함께 바닷가 산전을 갈아 먹고 사는 수밖에 없었다. 그 때 창선이는 순남이와 결혼하게 되었으나 살림은 점점 쪼들려만 가서 하는 수 없이 정든 고향을 떠나 간도로 갔던 것이다.

그런데 이제 다시 고향에 돌아와 보니 옛 땅은 그 때보다도 또 더 달라졌다. 산도 그랬고 물도 그랬다. 검은 뱀 같은 철둣길이 어려서 뛰놀던 뒷고개를 갈라 먹고 포구에는 그립던 목선들의 그림자가 거의나 사라져 버렸다. 구수한 흙 냄새와 맑은 동해 바람이 풍기던 옛 마을이 온데간데 없어지고 맵짠 쇠 냄새 나는 공장과 벽돌집들이 거만스럽게 배를 붙이고 사람을 깔보고 있는 것이다.

소 수레 위에 구성지던 아리랑 소리가 끊어지고 왱왱거리는 부스레(기차) 소리가 아무래도 내 것, 내 소리 아닌 딴청으로 울어 댔다.

조그만 집들은 산비탈 으슥한 곳으로 밀려가고 노가다 패가 제로라고 쏘다닌다. 땅은 석탄 먼지에 꺼멓게 절고, 배따라기 요란하던 포구는 파도 소리 홀로 쓸쓸하다. 그의 눈에는 땅도 바다도 한결같이 죽은 듯했다. 기곗간, 벽돌집, 쇠사슬, 떼굴뚝, 이런 것들이 아무리 야단스러워도 창선이 내외에게는 그저 하잘것없는 까닭 모를 것들이었다.

내외는 철로둑을 넘어 고개턱에 올라섰다. 새로 옮겨간 고향 구룡리가 보인다. 저 바닷가에……. 그러나 그도 옛날 구룡리 마을은 아니었다. 철돗길 바람에 마을 한복판이 툭 끊어져 버렸다. 마을 어귀를 파수보던 소나무들이 늙은이 앞니같이 뭉청 빠져 버렸다. 기차 굴뚝에서 날아나온 석탄불이 집어삼킨 불탄 두세 집 초가가 보인다. 창리에서 이사 간 듯한 오막살이 집들은 생소한 그 서슬에 정떨어진 듯이 저 바닷가 한쪽에 몰려가 있다. 사정없는 바닷물이 삼킬 것만 같았다. 그래도 바닷가 사람에게는 낯선 기차에 비해서 역시 바다가 정다웠던 모양이다.

"저기 가서……. 원, 밀물이 무섭지도 않나!"

"그래도 바다가 가까워서 고기받이하기는 좋겠소."

아낙은 고기받이해서 살던 옛일이 그리웠다.

"간도 땅에서 생선을 못 먹어 창자에 털이 났으니……."

"돈만 있어 보지, 간도 아니라 생국(서양) 간들 고기 못 먹겠소."

내외는 이런 이야기를 하며 형의 집을 찾으려고 말 물어 볼 사람을 만나려 두리번거리며 걸어갔으나 한동안 사람이라고는 보이지 않았다. 겨울이 되면 더 사람이 많이 나다닐 터인데 이상한 일이었다. 바다에서 고기만 잘 잡힌다면 벌써 오는 길에서 고기받이 아낙네와 수레꾼들을 많이 만났을 것이다. 그러나 여태 한 사람도 보지 못하였다.

3

창선이가 길가 어떤 아이에게 물어 가지고 형의 집에 찾아간 때는 날이 이미 어두컴컴한 때였다. 어머니는 누더기를 쓰고 가마목에 드러누웠고, 조카 남매는 희미한 등잔불 아래에서 감자떡을 치고 있었다.

"어머니!"

"어머니! 창선입니다."

내외는 부엌문을 열고 들어서자 성큼 부엌간 구들에 올라서며 어머니 앞에 절을 넙적 하였다.

"아니, 창선이라니……."

어머니는 너무도 놀랍고 반가웠던 것이다.

"어머니, 그새 소환이나 없었습니까……. 집안이 다 무고한가요?"

"응……, 원……. 이 추운데 그래 살아 왔구나!"

어머니는 눈곱이 낀 눈을 습벅거리며 꿈 속이나 아닌가 하듯이 자세히 쳐다만 보고 있었다. 어머니 아니고는 날 수 없는 눈물이 괴었다.

"죽잖으문 그래도 만나는구나! 아들을 낳았다지. 어디 보자……. 이름은 무엇이라고 지었니?"

"간도에서 낳았다고 간남이라고 했습니다……. 추위에 고뿔을 만나서 영 죽게 되었어요."

아낙은 젖에서 어린것을 떼어 어머니에게 안겨 드렸다.

"아이구, 컸구나! 이런 무접기라구……. 작년 구월에 낳았다지? 원, 늙은것은 어서 가고, 너희나 잘 살아야겠는데……."

어머니의 눈에서는 끝내 눈물이 굴러 떨어졌다.

"그래 그 곳 사는 일은 어떻더냐? 예보다 좋다더구나."

"말 마십시오. 죽지 않은 게 천만다행입니다. 왜치들, 순경놈들, 지주놈들 등쌀에 몰려다니기에 볼일을 못 봅니다. 우리 살던 고장에서도 쉰남은 집 되는 데서 벌써 열 집이나 어디로 떠났습니다. 땅을 떼고 잡아가고 이르도 모를 세금을 내라고 죽여 내는데 살 수가 있어야지요. 우리 동네 아랫동네 영남 사람은 한 집이 몰살을 했답니다."

"저런……. 몰살을? 끔찍도 해라."

"늙은 어머니와 아낙과 어린 자식을 두고, 가장이 벌이를 갔더라나요. 한 게 뜻대로 되지 못해서 한 스무날 만에야 돌아와 보니, 늙은이가 방에서 얼어 죽고, 아낙은 어디로 갔는지 뵈지 않더래요."

"저런! ……어느 놈이 차갔구나? 원 사람은 못살 데로구나!"

"알고 보니 그런 게 아닌데, 가장도 처음은 그렇게 생각했답니다. 그래서 칼을 들고 찾아 나섰대요……."

"죽일라고, 원 저런 치가 떨리는 일이라구는……."

"남편이 미친 사람같이 두루 찾아다니는데 눈얼음 속에 사람 같은 것이 보이더래요. 그래 막상 가 보니 아낙이 옳더라지요."

"아, 그래 살았니?"

"살기를 어떻게 살겠어요. 눈 속에서 얼어 죽었더래요. 머리에는 강냉이 한 되를 이고 어린애 하나는 업고 하나는 앞에 안은 채 얼어붙었더래요."

"원, 하늘도 무심하구나. 그것들이 무슨 죄가 있니."

"그뿐인가요. 남편까지 죽었답니다. 발광이 나서……."

"사람은 못살 데다. 말도 마라. 원 끔찍끔찍해서 그걸 누가 듣는단 말이냐……. 그래도 제 애비(창선이의 형)는 정 안 되면 너 있는 데로 간다구 하더라만 거게도 딸깍발이*가 갔구나. 그러니 살 수 있니. 그놈들이 삼재팔난을 다 싣구 다니느니라."

"그럼요. 거기도 그놈들 판입니다. 그러니 소문만 듣고 갔다가는 큰일납니다. 그렇게 죽고 몰려다니는 사람이 부지기숩니다. 여북해서이 겨울에 나왔겠습니까."

＊ 딸깍발이 일본 사람을 낮잡아 이르는 말.

"잘 왔다. 하기사 여기도 생불여사*다만 그래도 앉아서 죽을 수야 있니. 그래 오늘도 어쩌면 살아 볼까 제 애비서껀 모두들 읍으로 몰려 갔다……."

"아주머니도 가셨어요?"

"나 같은 늙은 것만 빼구는 다 갔다. 사다사다 안 되니 오늘, 감사라든지 난 모른다만 그리고 온 동네가 몰려갔다."

"감사요……. 무슨 때문에요?"

"원, 세월이 없구나. 보지 못하니 태평이지, 모두 굶어 죽는다고 야단들이다."

"글쎄 그렇다기로, 도 장관도 다 한속인데 그가 살려 주겠습니까?"

"사흘 굶은 범이 원을 가리겠니. 그놈들이 한당해서 못살게 만들었으니 아무 놈이라도 물고 늘어진다더라. 글쎄 저놈들이 그 좋던 동네를 빼앗구 이리로 몰아내더니 고기가 잡혀야 살지, 무얼 먹고 산단 말이냐."

"배는 있는데 고기가 안 잡히는가요?"

"그럼사 세월 탓이지. 그러나 세월 탓이 아니란다. 포구가 나빠서 그렇단다. 배도 못 들어오고 요행 들어붙으면 옥천바삭이 된다. 그놈의 파도까지 못된 놈의 심보를 닮아서 사람을 못살게 구는구나. 지난 시월에 작은돌이 애비네 은어배가 마사졌다. 그리고 사람이 둘이나 고기밥이 됐다. 그 집 맏사람은 분김에 그놈의 회사에 가서 행악을 하다가 순사놈들한테 끌려나고, 술이 잔뜩 취해서 마사진 뱃조각을 두드리고 통곡하다가 얼어 죽었단다, 원!"

"그런데 회사는 무슨 회삽니까?"

"저게 있지 않니. 창리 바닥을 못 봤니……. 그게 회사란다. 내사

---

* **생불여사**(生不如死)　살아 있음이 차라리 죽는 것만 못하다는 뜻으로, 몹시 어려운 형편에 있음을 이르는 말.

원……."

"어쨌어요?"

"이리로 몰려온 게 뉘 때문이냐? 글쎄 창리야 좀 좋았니! 운수가 고
단하면 자빠져도 코가 깨진다고……. 글쎄 그 터를 내준 게 잘못이
지."

어머니의 말만 들어 가지고는 자세한 내용을 알기 어려웠다. 그러나
온 동네가 온통 쓸려갔다는 것으로 보아 대체로 예사로운 일이 아닌 것은
짐작할 수 있었다. 창선이의 막막하고 답답하던 가슴이 어머니의 이야기
에서 도리어 해를 향하여 열리는 것 같음을 깨달으며 생의 의욕과 함께
문득 왕성한 식욕을 느끼었다. 아내도 배가 몹시 고팠다. 그래서 어머니
가 권하는 대로 형의 내외를 기다리는 감자밥으로 우선 요기했다.

"이게 무슨 야단이 났구나. 갈 때에도 말이 많더니 왜 엽때 안 오는
가?"

어머니는 오래간만에 아들을 만난 기쁨이 차차 엷어지고 잠시 잊었
던 불안이 다시 고개를 쳐들었다.

"글쎄 날씨가 별안간 추워져서……."

창선이 내외도 적이 걱정되었다.

"날씨도 날씨지만……, 온 별일이더라. 동네에서 몰려 나서기만 하문
어쩐지 순사들이 뿌득뿌득 못 가게 하더구나. 그래 오늘 아침은 장날
핑계를 대고, 신새벽부터 장으로 갑네 하고 띄엄띄엄 떠나갔다. 이게
필시 무슨 일이 났다 났어……. 원!"

"오겠습지요. 누우십시오."

창선이는 어머니를 안심시키려 해도 사정을 잘 몰라서 할 말이 나오
지 않았다. 어머니는 이 쪽 저 쪽으로 돌아누우며, 종시 마음 놓지 못하
는 모양이었다. 조카 남매는 새 동생(창선이의 아들)을 가운데 두고, 노
전 가시에 불을 붙여 가지고 팽팽 돌리기도 하고 감자떡을 떼어 주기도

하고 손 장단을 맞추기도 하더니 그만 자는 체 없이 푸시시 곤드라지고 말았다. 아낙도 어린것을 끼고 그 자리에 쓰러져 버렸다.

4

창선이의 형 창룡이 내외가 집에 돌아온 것은 밤이 좋이 이슥한 때였다. 피차 오래간만에 만나서 쌓이고 쌓인 회포와 그 동안 지난 일들을 생각나는 대로 주고받는 때에 창선이는 다시금 놀라운 현실 앞에 선 자기를 깨달으며,

"아니, 어쩌면 이렇게 변하였습니까. 영 딴 세상 같습니다. 이러구야 사람들이 살아갈 수 있습니까. 무슨 도리든지 있어야지, 원⋯⋯."

"말 말게. 냉수에 이 부러질 노릇이네⋯⋯. 한둘도 아니고, 온 동네가 몰려나서 기지사경인데⋯⋯, 그래 이 소식도 못 들었나? 신문사라는 신문사는 다 왔다갔네. 간도에는 신문도 안 가나."

"가지만 그거 어디 얻어 볼 수 있소. 그래 이제야 어머니께 대강 들었습니다만⋯⋯. 그거 정말 이만저만한 일이 아닙니다. 그러니⋯⋯."

"죽으나 사나 해 보는 수밖에 없네."

그리고 창룡이는 처음 창리에 화학 비료 공장이 설 때 형편을 대강 이야기하였다. 이 근방 토지를 매수하여 동네 사람을 내쫓던 전말과 그 사이에 저놈들의 앞잡이인 소위 읍내 유력자들이 나서서 춤을 추던 야바위에 대하여도 말하였다.

"이리로 옮기기만 하문 여게다 인천만한 항구를 만들어 주고, 시장, 학교, 무슨 우편소니, 큰길이니 다 해준다고 떠벌리고⋯⋯ 또 야단스러운 지도를 들고 와서는 구룡리를 가리키며 제2의 인천을 보라구⋯⋯. 산 눈깔 빼먹을 놈들이야⋯⋯."

"그래서요?"

"그래도 이천 명이나 되니 그리 얼른 떠나내겠나. 해서, 구룡리에다 창리만한 설비를 해 주면 간다고 했지……. 그리고 우리 동네에는 한 집이라도 일이 해결되기 전에 먼저 가면 그 사람을 때려 죽인다고 하고 딱 버티고 있었네. 했더니 이놈들 좀 보게. 관청까지 껴들어 가지고 아주 능청스럽게 이전만 하면 창리보다 나은 항구를 만들어 주게 한다구 떡 먹듯이 말하지 않겠나. 그래서 좀 마음을 놓았더니 글쎄 저놈들이 그래 놓고 뒤로 한 사람씩 팠네그려……."

"파다니요?"

"하기야 글쎄 패우는 놈이 병신이지. 저 우물 옆집 개수경이 있지 않나. 사람이 워낙 먹통인데 저놈들이 그걸 알고 먼저 그리로 꾀꾼을 보냈네그려. 그래 그놈이 커다란 봉투에 무엇을 수북이 넣어서 맡기며, 장차 장자가 되는 봉투라고……. 그러니 구룡리로 옮기기만 하면 그 봉투를 줄 텐즉 우선 잘 간수했다가 떼어보면 알조가 있다구……."

"무슨 봉툰데요. 사실이던가요?"

"무얼 사실이야? 엊그제야 떼어보니 십 원짜리 한 장인가 들었더래……. 그래도 그 바람에 개수경이 신이 나서 동네 약속을 깨뜨리고 먼저 옮겼네그려. 동네 사람에게 맞아 죽을 심쳤겠지. 그러나 동네터에 그걸 죽이나 어쩌나…… 했더니, 구수한 풍설에 뜨여서 한 집 두 집 항구 시설도 해 주기 전에 그만 다 옮겨 버렸네그려!"

"집값은 다 받았겠지요?"

"그야 받았지만, 그걸 가지고 뭘 하나. 고기가 잡혀야 말이지……. 워낙 금년은 어산이 말 아니네."

"아주 안 잡힙니까?"

"아따, 이 포구를 못 봤나……. 축항인지 무언지 해 준다던 게 그 해 논 꼴만 좀 보게. 포구란 게 쇠통 큰 집 마당만밖에 더 안 되네. 겨우 한 발만한 낮은 방축을 쳐 놓았을 뿐이니 거게 무슨 배를 매겠나. 일

년도 못돼서 벌써 마흔다섯 척 어선 중에서 아홉 척이 마사졌네. 저 유복이네와 모래 언덕집은……"

"그건 들었습니다만 사람까지 상패가 났다니……"

"글쎄 여보게. 예서 십 리밖에 안 되는 서호에 가서 받아오면, 명태 한 바리에 스무 냥(사 원)은 더 주어야 하네. 한데 또 서호 다니는 길은 험로가 돼서 아낙네들이 많이 이고 다닐 수도 없고 수렛길이 없어서 수레도 못 다니고……. 게다가 해풍이 심해서 고기받이꾼이 얼마를 얼어 죽을지 모르네. 그래 기수 없이 회사에 말을 했건만 영 막무가내구만."

"저런……, 그걸 그저 두어요?"

"축항인지 무언지 도청에서 설계를 했으니 회사는 모른다, 회사는 그대로 했을 뿐이다, 하고 모르쇠를 댄단 말일세. 그래 오늘은 도 장관 있는 데로 몰려갔네. 그런데 도 장관은 꼴도 볼 수 없고 웬 년의 새낀지 코앞에 송충이같은 수염이 붙은 놈이 나와서 덮어놓고 돌아가라구만 하지 않겠나."

"그래 못 만났어요?"

"석양에야 겨우 만나긴 했네. 그래 잘 해준다고 하기에 단단히 다지고 왔네만……"

"그런데 아낙네들까지……. 큰 난립니다. 바로……"

"제 발등이 따그니까 가지. 그걸 누가 말리겠나. 또 그래야 관청에서도 정신차리네. 하긴 여긴 번영회라는 게 있어서 벌써 사오 차나 회사라 도청이라 찾아가서 하소했지만 개구리 대가리에 찬물 끼얹은 것이지 어디 들은 체나 하나. 막무가내란 말일세. 해서 이번은 대표도 소용없다. 모두 가자 하고 온 동네가 밀려간 걸세."

"그럼 인제는 잘될 것 같습니까?"

"말만은 방축을 한 두어 마장 더 내 쌓아 준다고 하데. 그런데 이제

쌓을 그 자리는 바다가 깊어서 한 간에 몇 만 원씩 든다네그려.”

“그래도 회사에서 으레 해 놓아야지 별수 있습니까? 안 해 주면 우리 동네를 도루 물러내라지요.”

“하기사 축항이고 나발이고 할 거 없이 저놈들이 가고 우리 동네를 도루 찾았으면야 일등 좋겠지만, 저놈의 회사가 우리 말은 고사하고 경찰도 관청도 꿈에 네뚜리로 안다네그려. 일본서 제일가는 회사라거든. 돈이면 고만이야. 정승이 부럽겠나, 순사가 무섭겠나, 무에 무서울 게 있어야 말이지……. 저 회사 사택만 보게. 순 무서운 궁궐이란 말일세. 뿡 하면 자동차가 나오고…….”

자리에 누워서까지 이런 이야기를 하는 사이에 창선이는 그만 곤해서 어느 새 코를 골았다. 그러나 창룡이는 이 궁리 저 궁리에 새날이 오도록 잠들지 못했다. 창룡이에게는 동생의 가족이라는 무거운 짐 한 짝이 더 엎히어졌던 것이다.

5

창선이는 한심한 생각이 더쳐올 뿐이었다. 제 고향이라고 그리워하였고, 제 친족이라고 찾아는 왔으나 생각하던 바와는 아주 딴판이었다. 조선 가면 아무 일이라도 해 먹으려니 했으나 막상 와보니 그 ‘아무 일’이란 아무 데서도 찾을 수 없었다. 부대 일궈먹을 땅도 없었다.

일하고 싶어도 할 일이 없고, 힘을 쓰려도 쓸 곳이 없고, 고기도 잡아먹을 수 없고, 농사를 지을 수 없고, 대대로 전하여온 손 익은 일, 맛 들인 일은 아무 데서도 얻어 만날 수 없고 그저 눈이 멀개서 산송장이 될 것만 같았다.

그리고 제가 할 수 있는 정든 옛일이 나그네와 같이 밀려간 자리에 낯선 새 놀음판(공장)이 범접하기 어려운 폭군처럼 도사리고 들어앉아

있었다. 검은 굴뚝이 새 소리를 외치고, 눈 서툰 무서운 공장이 새 일꾼을 찾으나 그것은 너무나 자기 몸과 거리가 먼 것 같았다. 그만큼 창선이는 아직까지도 그저 옛일에 대한 애착만이 뿌리 깊이 가슴을 부여잡고 있었다.

그런데 그 일은 어디 가고 꿈도 안 꾸던 뚱딴지 같은 일과 일터가 제 맘대로 벌어져 있고 게다가 그것은 게트림을 하면서 턱으로 사람을 부르고 있는 것이다.

그러나 창선이는 아직도 차마 발이 떨어지지 않았다. 천하 없어도 후려넣는 절대 명령이요, 울며불며라도 가지 않을 수 없는 그 길이건만 창선이는 아직도 발을 떼지 못하고 멍하니 바라보고 있었다. 이리하여 망설이는 과도기의 공포와 비애가 무시로 가슴을 쑤시었다.

구룡리 새 주민들의 살림은 더욱 말 아니었다. 겨울이 가고 봄이 오는 사이에 쌀독의 낟알을 세어내다시피 아껴 먹어도 춘경 전에 벌써 용량이 떨어졌다. 그래도 언제부터 쌓아 준다던 방파제는 아직도 감감 소식이 없어 포구에 흥겨운 배따라기 소리 떠볼 날이 없었다.

그리고 다만 들리느니 저녁 노을이 사라지는 황혼의 거리 위에 노동자들의 노랫소리뿐이었다.

장진물이 넘어서 수력 전기 되고요
내호 바닥 공장에선 질소 비료가 되네.

아리랑 아리랑 아라리가 났네
아리랑고개로 넘겨 넘겨 주소.

논밭 간 좋은 건 기곗간이 되고요
계집애 잘난 건 요리관으로 가네.

그러나 그 노래는 텁텁하고 까라진 옛날 아리랑 소리보다 어딘가 씩씩하고 새로운 맛이 있었다. 그리하여 그 노래는 이내 한 입 건너 두 입으로 사람들에게 전파되어 갔다. 그리고 또 새 노래들이 누구의 입에선지 계속해 지어져 나왔다.

이 고장 주민들은 뒤를 이어 상투를 자르고 비료 회사 공장으로 들어갔다. 그러나 공장은 아무나 함부로 써 주는 것은 아니었다. 힘꼴 세고 뼈대 굵고 젊고 억대우 같고 미욱스럽게 생긴 사람만이 뽑혔다.

그리고 거기서 까불려난 늙고 약한 사람들은 개똥갈이나 부쳐먹고 잔고기 나부랑이나 잡는 수밖에 없었다. 어떤 사람은 보따리에 가장집 물을 꾸동쳐 지고 이고 영원 장진으로 떠나갔다. 화전이나 일궈 먹을까 하는 것이었다.

창선이도 마침내 공장으로 들어가기로 결심하고 감발을 치고 직공 시험 치러 갔다. 직공 시험이라야 별것이 아니고 가만히 보려니까 순전히 근력 다루기였다. 체대와 손발을 훑어보고 커다란 모래섬을 들려 보고 하더니 나중은 손바닥을 벌리라 하고 거기에 털솔 같은 데 잉크를 묻혀 가지고 탁 치니까 손바닥에 푸른 글자가 찍혀졌다.

가만히 들여다보려니까 그것은 분명 소우(牛)자였다. 사람에게 소우자가 무슨 일인가 하고 어리벙벙해 있으려니까 감독인지 십장인지 한 우둥퉁한 사나이가 헤벌쭉이 이빨을 드러내 놓으며,

"좋다, 일등이다. 내일부터 오너라."
하고 턱질을 하였다.

그리하여 다음 날부터 창선이는 상투를 자르고, 감발 치고, 부삽 들고 콘크리트 반죽하는 생소한 사람이 되었다.

강아지

기름이 흐를 듯한 이웃집 백양나무 저편 파아란 하늘에 솜같이 하이얀 뭉게구름이 유유히 떠도는 초여름의 생량한* 승석* 때이다.

정지문을 열어젖히고 시원한 오이냉국에 저녁을 먹으려니까 난데없는 조고만 발바리 새끼가 정지 앞마루로 앙그르 굴러와서 문턱으로 발발 기어오른다. 동글납작한 오골배지 같은 조그만 낯바대기에 코와 눈과 입이 오글쪼글 모여붙은 꼬라지라든지 더군다나 짜른 코끝이 앙상하게 해바라진* 모양이 지지리 얄미웁기도 하나, 그러면서도 아직 짜장* 어린 새끼라 귀여운 점도 노상 없지 않다.

도대체 새끼란 새끼는 다 귀엽고 예쁜 양하다. 망아지, 송아지도 갓낳았을 때는 기름에서 빠진 것같이 몸매가 깨끗하고 매끈해서 꼭 껴안아 주고 싶다. 그리고 보니 심지어 돼지 새끼까지도 예쁘게 생각되고

---

* 생량하다 가을이 되어 서늘한 기운이 생기다.
* 승석(僧夕) 중이 저녁밥을 먹을 때라는 뜻으로, 이른 저녁때를 이르는 말.
* 해바라지다 어울리지 아니하게 넓게 벌어지다.
* 짜장 참, 과연.

지금 눈앞에 보는 얄망스러운 발바리 새끼도 한편 귀여워진다. 비록 너리먹어서 볼 꼴은 없으나…….

"효순이 년이 동무 집에서 얻어 왔대우."

아내가 바당*에서 무슨 고기 꼬랑지를 구우며 이렇게 일러 준다.

"효순이가?"

나는 마루에서 문턱으로 기어올라 내 밥상을 향하고 앞발을 번갈아 허우적거리는 강아지를 팔꿈치로 밀쳐 떨구며 아내에게 되처 물었다.

"제 동무 집에 놀러 갔다가 얻어 왔대요."

"동무 집에서……? 고년 벌써 교제가 상당하군그래."

효순이는 금년 여덟 살, 바로 소학교 1년생이다.

"아무렴 당신보다야 낫지."

"그럴 테지. 에밀 닮았으니까. 하하하……. 그런데 참 강아지 오래간만인데. 요새는 그도 얻기가 여간 어렵지 않다는구려."

내가 내 살림이라고 시작한 이후 강아지를 길러 보기는 전후 두 번뿐이다. 맨 첫번 것은 무슨 병인지 3, 4일 동안 끙끙 앓더니만 부엌 앞에서 죽어 버리고, 두 번째 것은 사냥개 새끼로 어떻게 영리하던지 우리 집 식구는 물론 한 번 놀러 왔던 친구만 보아도 반겨서 어깨까지 뛰어 오르곤 해서 무척 귀염을 받더니, 갑자기 혓바닥에 치가 서서 침을 질질 흘리다가 죽을 임시 해서 어디론지 종적을 감춰 버렸다. 그 죽은 시체라도 찾아서 묻어 주려고 앞내 방축을 아무리 찾아보아도 종내 얻어 만날 수 없었다.

묵묵히 운명을 기다리다가 한두 마디 비명을 남기고 부엌에서 죽은 토개나 또는 죽어서도 주인의 폐를 끼치지 않으려는 듯이 종적없이 가서 죽어 버린 양개나가 모두 오래도록 내 기억에 남아 있어서 다시는

＊바당 부엌.

개를 치지 않으려고까지 하였다. 그러나 늘 셋집으로 돌아다니는 터라 마침 두 개를 때운* 그 집이 즘생 안 되는 집이라는 아내의 미심쩍은 말을 딴은 부정하면서도 한편 믿는 맘이 있어서 이번 집은 괜찮으려니도 하는 것이다.

"하지만 쓸 만한 거면 지금 인심에 누가 요행 그저 줄라겠소. 못 살거니까 그 애한테 줬지."

아내는 처음부터 탐탁해 않는 상이다.

"그래도 그년은 제 생각이 있게 가져왔지."

"아니, 그런 게 아니라 동무 집에 놀러 가니까 다른 집에서 저걸 가져가기로 했다가 막상 와 보구는 꼴이 저 꼴이니까 안 가져가겠다구 그러드래요. 그래서 효순이 년이 절 달랬다나. 했더니 어서 그러라고 하더래요. 아무래도 살지 못할 거니까 마침 잘됐구나 한 거겠지요."

아내가 구운 고기를 접시에 담아 가지고 올라오더니 문턱으로 연신 기어오르려는 발바리 새끼를 발길로 차 버린다. 그래도 강아지는 여전히 기어오른다.

"발바리 새낀 똑 고기만 먹으려 하지……. 고기 냄새 만나면 밥도 안 먹으려고 드니."

아내는 약간 얼굴을 찌푸리는 상이다.

그도 노상 즘생을 싫어하는 편은 아니나 어쩐지 이번만은 애당초 맘에 싸지* 않는 모양이다. 하기는 그도 그럴 것이, 이놈의 발바리 새끼는 워낙 잘 얻어먹지 못한 탓인지 빌기* 오른 것같이 털이 군데군데 빠지고 눈에 고비*가 꾀죄죄하다.

"잘 얻어먹지 못해서 그렇지."

---

* 때우다 '여의다'의 북한말.
* 싸다 '그만한 가치가 있거나 그럴듯하다'라는 뜻의 북한말.
* 빌기 '비계'의 북한말.
* 눈에 고비 '눈곱'의 평안 북도 사투리.

나는 고기 한 꼬리를 살만 대수 갈라먹고 뼈와 대가리를 강아지에게 던져 주었다.

"고년이 살지두 못할 걸 공연히 가져왔어."

"잘 먹이면 되겠지."

"못 살아요. 그거 갓난 건데……. 갓난 새끼가 어미 젖 안 먹구 살 수 있소?"

"왜 갓났다구 그래. 발바리란 워낙 꼬맹이 종자니까 그렇지. 두 살, 세 살 되는 것두 요만하지 않습니까? 그래두 제법 제 구실 하구 새끼 두 낳고……."

"그래도 이건 틀렸어요."

아내는 아까보다 좀더 노골적으로 강아지를 미워하는 눈치더니,

"토개는 한 해, 이태만 길러도 6, 7원 가구 3, 4년 된 건 10원짜리가 다 있다우."

하고 말을 돌려 개도 토종이라야 하너니, 개장국은 인삼 녹용보다 나은 보약이니 하고 한참 설명하나, 나는 개고기란 소리만 들어도 구역이 난다.

"그러구 참, 누런 개 가죽은 군대에서 사 간다는데, 저런 거야 고기구 가죽이구 하나나 쓸모가 있소?"

아내는 또 이렇게 나무란다.

나도 얼마 전 신문에서 어느 지방 농촌에서 누런 개가죽을 모아 팔아 삼백 몇십 원인가 받아 가지고 그걸 다시 국방 헌금으로 내어 신문에 견피 보국이라고 커다랗게 썼던 것을 본 기억이 있다. 그러고 보니 아내의 말에, 더욱이 푼돈에도 애마르는 일이 많은 아내의 말에 일리가 있는 것 같으나, 어쩐지 또 그 말에는 차라리 내 감정을 거칠게 하고 불쾌하게 하는 잡히지 않는 무슨 그림자가 있는 듯하다.

"고년 들어오거든 되가져가라구 해요. 똥만 싸구 고기 염만 하니 이

집에 무슨 고기가 있소. 사람도 못 먹는데……."

그리고 아내는 또 이런 말로 혼자 중얼거린다.

"밤에 이불 속에 기어들구……."

"그거야 버릇하게 달린 거지……. 왜 조밥이란 통 먹지 못하는 사람도 유치장 같은 데 들어가면 우리보다 더 달게 먹습니다. 난 칼치 뼈다귀도 남기지 않았달밖에."

내가 이렇게 말할 때 효순이 년이 대문 밖에서 내 목소릴 알아듣고는 아버지 아버지 부르며 까치걸음으로 뛰어 들어와서,

"아버지, 강아지 이쁘지?"

하고 내 무르팍에 냉큼 올라앉는다. 내가 그저 고개로 그렇다고 대답했더니 효순이 년은 강아지 있는 마루로 나가며,

"아버지, 강아지 이쁘지, 응?"

하고 또 한 번 조진다.

"응, 이쁘다."

나는 하는 수 없이 동의하였다.

"아버지, 그 고기 좀 줘. 응?"

그러자 아내가 얼른 가로나서며 고기뼈만 뽑아서 던져 주며,

"야, 효순아, 이따가 저녁 먹구 강아질 도루 갔다 줘라."

하고 이른다. 그래도 효순인 대꾸가 없이 강아지 먹는 것만 소곳이 보고 있다.

"내 좋은 개 강아질 얻어다 줄 테니 가져가라, 응?"

"싫여."

"그건 고길 먹어야 사는 거야."

"고기 안 먹어도 살어, 밥찌께 먹든데."

"밥찌께 어디 그렇게 있니?"

"글쎄, 내 먹여 살릴게……."

"안 된다, 안 돼."

"돼요."

"요년아, 안 된다니까……. 아무래도 죽을 걸 하루라도 더 둘 필요가 있니, 어서 가져가거라."

효순이는 싯듯이 고개를 숙이고 아무 대꾸가 없다.

"그 털 빠진 걸 봐라. 바당에 오줌똥을 쏘다가 죽으면 누가 쳐낼 테냐. 어서 가져가거라. 어머니 욕볼 생각 해야지."

"안 죽어요."

"안 죽을 걸 네가 어떻게 아니? 그 꼴만 봐라. 당장 오늘 밤을 못 넘길 상싶다."

"아까 뜰 앞으로 막 굴러다니던데."

그러며 효순이는 강아지를 '워리, 워리.' 불러 가며 달음박질을 시키려 하나 강아지는 고기뼈를 깨물기에 여념이 없다.

"꼬독, 꼬독, 꼬독……."

효순은 강아지를 부르다가 못해서 손으로 허리를 잡아 쥐고 뜨락으로 내려간다.

"요년아, 더럽다, 더러워. 저 손으로 밥먹을 테냐. 얼른 못 내려놔."

효순은 그 소리에 마루 아래에 무춤하고* 선다.

"거 털이 묻어 빠지는 것만 봐. 죽는다 죽어. 죽기 전에 어서 그 집에 갖다 주고 오너라. 안 가져가면 내 가져갈 테다."

어머니 소리는 더 거칠어졌다. 효순은 그 자리에 앉아서 손가락으로 강아지를 놀려 본다. 아무려나 죽을 성싶지는 않다.

그러나 웬일인지 아까처럼 팔팔하진 못하다.

"저년, 손가락 물린다. 아이 더러. 요년아, 얼른 갖다 주지 못해? 죽

---

* 무춤하다 ·놀라거나 어색한 느낌이 들어 하던 짓을 갑자기 멈추다.

기 전에……. 너 가기 싫거던 내 강에 갖다 던지구 오겠다. 인 다구."

그러자 효순은 뒷더수기*에 어머니 손이 뒤덮이는 듯 머리칼이 선뜻 하면서 소스라쳐 돌아선다. 그 바람에 으앙 하고 울음이 터졌다.

"안 죽어, 안 죽어, 엉 ——."

효순은 나한테로 달려왔다. 그러다가 주춤 소리를 낮추고 목에 치밀린 울음을 참기에 얼굴이 검붉게 질린다.

나는 우는 것을 제일 싫어한다. 그래서 울음소리만 나면 예전에는 곽쥐같이 아이를 집어서 마루고 마당으로 내던졌다. 어느 해 홍수 때에는 우는 아이를 허궁* 들어 흙물 속에 내던져서, 아이 역성 잘 드는 아내가 두고두고 아이들 때문에 무슨 말썽이 생기면 으레 귀아프게 되풀이한다. 또 그 때는 내가 허파에 바람 든 여자에게 쓸개가 빠져서 집에 들면 죄없는 어린애들을 윽살리는* 것이라 하여 남자들 치사스런 행사를 이야기할 때마다 아내는 입에 게거품을 물고 그 때 일을 들어 건풍을 떤다.

지금은 그런 팩한 버릇은 없어졌지만 그래도 우는 것이 제일 질색이다. 그치라고 한두 마디 일러서 안 들으면 눈을 까뒤집고 윽박지르고 심하면 몽둥이를 들어 으르기도 한다. 아내는 어린애들이 밖에서 싸우다가 울음소리가 나면 시비곡직이야 어떻게 되었던지 덮어놓고 제 집 아이 편역을 들려고 펄쩍 뛰어 쫓아나가지만 나는 우선 첫째 우는 놈부터 밉다.

그래서 네 아들에 단 하나인 외딸 효순이도 그렇게 귀여워하건만 울기만 하면 눈을 부라리는 때가 많다. 그래서 쾌활하면서도 겁기가 많은 효순은 여러 번 혼쭐이 난 일이 있다.

---

* 뒷더수기 뒷덜미.
* 허궁 어떤 물체가 공중에 번쩍 들리거나 떴다가 떨어지는 모양.
* 윽살리다 남을 마구 놀려 주거나 집적거리다.

지금 효순은 그러한 무서운 아버지를 상상한 것이요, 그런 아버지에게 부지중 울음을 터쳐 놔서 한바탕 억살리나 싶었던 모양으로 울음을 삼키기에 가맣게 고심하는 상이다.

　"가져가지 말고 어서 네 길러라, 길러."

　내가 이렇게 말하자 막혔던 효순의 울음소리가 제법 높게 터져 나온다.

　"안 죽어, 안 죽어……."

　효순은 안타까운 듯이 한두 번 발을 구른다.

　"효순아, 우지 마라……. 우지 말고 이리 와."

　그러며 효순이를 끌어다가 내 무르팍에 앉히는 순간 나도 이상히 목이 메어서,

　"어서 네 맘대로 길러라. 건 효순이 강아진데 누가 건드려."

하고 일부러 기운을 내어 효순일 둥둥 추슬러 주었다.

　효순이도 인차 울음을 그쳤다. 팔팔한 기운이 얼굴에 떠돌며 다시 밖으로 나가더니,

　"아버지, 강아지 안 죽지, 응?"

하고 재차 묻는다.

　"그럼, 안 죽구말구. 어서 맘대로 가지고 놀아라."

　효순이는 신이 났다. 강아지도 비틀비틀 곧잘 달려다닌다.

　"애, 효식아, 나오너라. 효식아, 나오너라."

　효식이란 다섯 살에 난 그의 남동생이다. 그놈이 아랫도리를 벗은 채 먹던 밥술을 내던지고 뜰앞으로 뛰어나가자 좁은 이 집은 갑자기 떠들썩해진다.

　벌써 저녁을 먹고 그림책을 보고 있던 세 형놈들도 책을 밀어 놓고 미닫이 문턱에 턱을 걸고 뜰 앞으로 짝자그르 떠드는 효순이와 효식이와 강아지들을 바라보며 빙글빙글 웃고 있다.

밤이 들자 다른 아이들은 함부로 던진 윷가지처럼 윗방에 이리저리 쓰러져 이내 잠이 들었다. 효순이가 뒤늦게 저녁을 먹고 일어나 밖으로 나가려 할 때 바당에서 설거지 하던 아내가,

"얘, 효순아. 설거지 좀 해라."

하고 다소간 신경질적인 소리를 내더니 붓대어서 내리 된소리를 뺀다.

"요년아, 들어와 일 좀 해라. 이 뒷집 순옥인 일곱 살부터 정구 지역* 도맡아 했다. 커단 년이 에미 다 죽어가도 말괄량이처럼 뛰기만 하니 계집애 그래서 얻다 쓴단 말이냐……. 나 까딱하면 숨 넘어간다. 내 성한 사람인 줄 아니? 어서 들어와 일해라."

아내는 사실 몹시 약하다. 몸은 뚱뚱하나 그것은 심장이 약해서 그런 것이라 한다. 어느 땐가 한 번은 10분에 한 번씩 캠퍼 주사* 를 연거푸 다섯 대나 맞을 만치 위급했던 일도 있다. 그런데 지금은 신경까지 잔뜩 예민해져서 어느 때라 번한 날 없이 골골히 지난다.

"온, 집 쥔이란 화상이 평생 가도 빗자루 한 번 쥐어 보는 일 없구 아이 새끼들마저 도리깨아들*이구, 저 태산 같은 일을 그저 어쨌든 이 한 손으로 하라니 역대 같은 년인들 할 수가 있나. 지금까지 살아 있은 게 장사지."

이번은 불똥이 내게 와 떨어졌다. 나는 얼른 효순에게로,

"얘, 효순아. 어서 들어가 일해라."

일렀다.

"네, 들어가요."

---

* 정구 지역(井臼之役) 물을 긷고 절구질하는 일이라는 뜻으로, 살림살이의 수고로움을 이르는 말.
* 캠퍼 주사 심부전에 걸렸을 때 쓰이는 강심제 주사. 혈관 운동과 호흡 운동을 자극하여 혈압을 높이고 호흡을 증대시킨다.
* 도리깨아들 부모 말을 잘 듣지 않고 버릇 없는 자식을 놀림조로 이르는 말.

엇가기 시작하면 심술궂게 귀가 질리지만, 맘이 내키면 참배맛같이 싹싹한 효순은 곧 바당으로 들어와서 설거지를 시작하였다.

"내 죽으면 그래도 너희들이 제일 불쌍하다. 애비야 퍼러딩딍하니 장가 못 들겠니. 퍼렇게 남 살아 있는데도 둘셋씩 처붙는 년이 다 있는 세상인데……."

그러나 아내의 말소리는 한결 낮아졌다. 그 소리는 못들은 척하고 소매를 부르걷고, 발돋음해 가며 물목판 위에서 조심성스럽게 그릇을 닦는 효순이를 보는 사이 나는 부지중 웃음이 났다.

계집애는 어려서부터 사내 자식과는 일하는 품이 다르다. 사내 자식들은 양복 바지 앞단추가 떨어지거나 양말이 날개나거나 꿰맬 염도 안 하지만 효순이는 벌써부터 손각시 초마 꿰매는 도습을 한다. 또 소꿉질 그릇을 나눠 놓고 '이건 아버지 밥, 이건…….' 하고 각각 몫을 나눠 놓는다. 그리고 설거지는 물론 이남박*으로 쌀 이는 흉내도 곧잘 내는 것이다.

효순은 연해 밖을 내다보며 부지런히 그릇을 닦고 있다. 아내도 한숨 펴인 듯이 일손이 떨어진다.

아직 밤은 좀 쌀쌀한 편이다. 강아지가 바당 문턱을 넘어 바당으로 들어온다.

"나가, 나가라."

아내가 으른다. 그래도 강아지는 애를 써 넘어 들어와서는 효순이에게 달려간다.

효순의 다리를 두서너 번 빙빙 돌더니 발을 핥아 본다.

"아이, 간지러."

효순이가 걷어올린 소매로 코 앞을 쓱 씻으며 히히히……, 웃는다.

---

* 이남박 안쪽에 여러 줄로 고랑이 지게 돌려파서 만든 함지박. 쌀 따위를 씻어 일 때에 돌과 모래를 가라앉게 한다.

"야, 효순아, 더 어둡기 전에 얼뜬 가져가거라. 내 돈 줄게."

"싫어, 내 기를 테야."

"얘, 글쎄 바당에 똥을 싸구 아궁지로 기어들구……. 참말 아궁지로 들어가서 구들골로 기어 들어가면 어쩌니, 그러면 사람의 집이 망한단다."

"안 들어가."

"안 들어가는 게 뭐냐……, 이것 봐, 또 들어간다. 이가 이가."

아내가 부지깽이로 연해 강아지를 내몬다.

그러자 효순이가 보얗게 밖으로 굴러나가더니 제가 소꿉질할 때 쓰는 귤상자를 들고 들어왔다.

"이걸로 아궁일 막을 테야."

하고 그걸 아궁이에 갖다가 댄다. 한 모가 조금 비기는 하나 그런대로 강아지가 들어갈 성싶지는 않다.

"너 강아지 바당에 똥 누면 낼 아침 쳐내지?"

"응, 칠 테야."

그제야 효순이는 마음을 놓고 이웃으로 놀러 나갔다.

"사내 새끼들은 벌써 자는데 계집애년이 밤 마실을 다니니……."

나는 몸이 노곤해서 정주*에 드러누으며 혼자말로 중얼거렸다.

"고년 장난에 홍침해서 야단났어요. 공부도 안하고……."

"내버려 두구려."

나는 까닭없이 맘이 희떠워졌다*.

아내는 아까의 신경질이 지나가자 되려 더 해사해져서 효순이가 들어와서 잠이 들 때까지 바당에서 두무*와 시렁을 닦고 낭중으로 부뚜막

---

* 정주(鼎廚) '정주간'의 준말. 부엌과 안방 사이에 벽이 없이 부뚜막이나 방바닥이 한데 잇닿은 곳. 함경도 지방에 흔함.
* 희떱다 한 푼 없이도 손이 크며 마음이 넓다.
* 두무 '두명'의 함경도 사투리. 두명은 물을 많이 담아 두고 쓰는 큰 가마와 독을 일컬음.

에 걸터앉아 나박김치를 담그는 상이더니, 별안간 아갸갸 소리를 치며 부엌 앞에 허리를 굽히고 강아지를 부른다.

그러며 일변 부지깽이로 부엌 속을 긁어 내다가 말고 성냥을 켜 가지고 아궁이를 들여다보더니만 인차 강아지를 부지깽이로 끌어낸다. 그리고는 바당 구석으로 기어 들어가는 강아지 뒤편 땅바닥을 그 부지깽이로 연해 울려 댄다.

"나가, 썩 나가."

그러다가 결국 그 부지깽이로 허리를 치켜들어 밖에 내놓고 문을 닫아 버린다.

이튿날 이른 아침 나는 효순이 소리에 선잠이 깨었다.

"강아지 어디 갔어?"

그러며 지저분한 마당 구석구석을 뒤지고 마루 밑, 뒷간까지 골고루 찾아보는 속이다. 그러다가 대문 밖에 나가서 한참 휘 살피고 들어오는 모양이나 한참 동안 아무 기척도 없다.

"야, 효순아."

내가 불렀다.

"네."

다른 데 눈을 팔고 있는 소리다.

"강아지 없니?"

"네, 없어요. 아버지 몰루?"

"난 몰라, 거 어디로 갔을까?"

"아니, 아궁지로 기어들기 때문에 밖에서 재웠다."

아내가 그러자 효순은 바당문으로 들어오며 어미에게 한 손을 들어 때리려는 듯이 떼를 쓴다.

"난 몰라, 난 몰라."

"뭐?"

"싫어, 강아지 내버리군, 형ㅡㅡ."

"밖에 없니? 자꾸만 부엌으로 기어 들어가기에 밖에서 재웠다. 헛간 안이랑 잘 찾아봤니?"

"없어. 누굴 주구는⋯⋯."

"주긴 누굴 주어? 그 따월 누가 가져갈라디⋯⋯."

"싫어. 주었어. 줄 때 어째 날 알려 주지 않어? 형ㅡㅡ 순옥이 집에 가재미 대가리 있는 거 준다고 그랬는데."

"아니, 안 줬다. 다시 찾아봐라. 어디 들어가 백혔을 게다. 그놈의 발바리가 추위를 타서 나무 속에 들어가 백혔을 게다."

효순은 다시 밖으로 나갔다. 효식이도 오줌 누러 일어났다가 뒤쫓아 밖으로 나갔다.

그러나 강아지는 종내 나오지 않았다.

마침 공일날이 되어서 아이들은 아침을 먹고 행길가로 놀러 나가고 요사이 며칠째 뱃병으로 누워 있던 효순이 바로 위의 형 효덕이가 초여름 햇볕이 내리쬐는 마루 앞에서 놀고 있다가 손바닥만한 마당을 대숨에 뛰어 밖으로 내달리며,

"야, 효순아. 효순아."

하고 크게 부른다.

"야, 강아지 왔다. 강아지⋯⋯."

그러자 얼마 후에 효순이가 먼저 들어오고 효식이가 뒤따라 들어오더니, 야야 하고 섭쓸려 벅작궁 야단이다.

"야, 내 여기 앉았는데 어디서 오는지 대문 밑으로 저게 어정어정 들어오더라."

효덕이 이렇게 설명할 때에야 나도, 아내도 밖을 내다보며 깔깔 대소하였다.

"꼴 보구는 재주가 들었구나. 어느 새 집을 외워 둔 걸 보니, 핫하하하."

그러자 아내도 웃어 죽겠다는 듯이 허리를 잡고

"아이구 병신, 사람 죽이네."

하고 어리둥절해서 꼬리를 젖는 강아지를 보며 자지러지게 웃어 댄다.

아이들도 그럴 때마다 덩달아 웃어 댄다.

뒤미처 큰 아이와 둘째 아이가 들어오자 효덕이가 다시 한 번 강아지 집으로 찾아들던 것을 이야기하니 또 웃음이 짝자그르 터진다.

"요놈의, 강아지 어디 갔다 왔니?"

효순이가 손바닥으로 강아지 이마를 개갑게* 울리며 핫하하하……웃으니까 효식이 놈도 덩달이 때려 주고는 내처 모가지를 끼고 돌아간다.

"야, 효식아, 이놈아."

아내가 별안간 자지러지게 소리친다.

"야, 요놈의 새끼 더러워 강아지허구 입을 맞춰, 어서 썩 내놔라, 내놔."

그러자 또 한거리 웃음판이 벌어졌다.

효식이란 놈은 달아나려는 강아지를 껴안고 낑낑 갑자르면서* 강아지 주둥이를 제 뺨에 직신직신 비벼 댄다. 강아지가 발버둥을 치나 그것이 효식이 놈에게는 재미다.

"야, 효식아, 내놔라 내놔."

나도 보다가 못해서 웃으며 소리쳤다.

"요놈의 새끼 개벼룩이 오른다. 내놔, 어서……."

아내가 밖으로 나가서 효식이 놈의 두 팔을 잡아다려 강아지를 풀어

---

* 개갑게 가볍게.
* 갑자르다 힘이 들거나 뜻대로 되지 아니하여 낑낑거리다.

강아지 201

놓았다.

그렇게 한참 떠들썩하다가 그 소리가 그치고 무슨 떨그렁떨그렁 소리가 나기에 한참 만에야 밖을 내다봤더니 저편 변소 모퉁이에 아이놈들이 널판을 주워다가 무엇을 짓고 있다. 그러나 늘 하는 장난이니 뭐 알아볼 것도 없는 일이라 그대로 내버려 두었다.

그러다가 무슨 볼일이 있어서 밖으로 나갈 때에야 나는 비로소 그 앞에 짐짓 발을 멈췄다. 그것은 훌륭한 강아지 우리다. 벽도, 지붕도, 문짝도, 그리고 삿자리도 또 효순이 장난감 그릇으로 만든 강아지 밥그릇까지…….

그런데 아이 놈들도, 강아지도 어디 갔는지 뵈지 않는다.

"이놈들 다 어디로 갔나?"

나는 빙그레 웃으면서 아내에게 물었다.

"아마 강아지 집들이시킬라구 강으로 목욕시키러 갔나 부."

"집들이……."

참말 지금 우리가 살고 있는 이 오막살이 셋집에 비기면 깨끗하고 명랑한, 그리고 사랑이 넘치는 집이로구나 하고 나는 대문을 나오며 혼자 웃었다.

부록

작가와 작품 스터디

● 이기영 (1895~1984, 호는 민촌)

충청 남도 아산에서 태어났다. 천안 영진 학교를 졸업하고 일본 세이소쿠 영어 학교에서 공부했다. 1924년 〈개벽〉에 〈오빠의 비밀 편지〉가 당선되면서 등단했다. 이후 조선 프롤레타리아 예술가 동맹(카프)에 가입하여 중앙 위원 등 활발히 활동했다. 광복 후 월북하여 조선 문학 예술 총동맹을 이끌며 북한의 문학 정책에서 중요한 역할을 했다. 〈민촌〉, 〈고향〉, 〈서화〉 등의 대표작이 있다.

● 이태준 (1904~?, 호는 상허)

이태준은 강원도 철원에서 태어났으며, 휘문 고보를 중퇴하고 일본 조치 대학에 진학했다. 1925년 〈시대 일보〉에 〈오몽녀〉를 발표하여 등단했다. 박태원, 이효석, 정지용 등과 구인회에 참여하면서 본격적인 작품 활동을 했다. 월북해서 활동하다가 얼마 후 숙청되었다. 대표작으로는 〈달밤〉, 〈까마귀〉, 〈복덕방〉 등이 있다.

● 한설야 (1900~1963)

한설야는 함경 남도 함흥에서 태어났으며, 본명은 병도이다. 함흥 법학 전문 학교에 다니다 퇴학당한 후 베이징 익지 영문 학교를 거쳐 일본 니혼 대학에서 공부했다. 카프에 가입해 활동하다 월북하여 조선 문학 예술 총동맹 중앙 위원장 등의 고위직을 거쳤으나 끝내 숙청당했다. 대표작으로는 〈과도기〉, 〈이녕〉 등이 있다.

● **민촌** 박 주사의 땅을 부쳐 먹으며 살아가는 상민들이 대부분인 향교 마을 민촌은 끼니를 때우는 것조차 힘겨운 형편이다. 박 주사의 아들은 어른을 공경할 줄 모르고 욕심을 채우기에 바빠 마을 사람들과 감정이 좋지 않다. 빈농 김 첨지의 딸 점순은 가난하지만 바르게 자란 처녀이다. 그녀는 자신에게 남달리 잘해 주는 서울댁에 마음을 두고 있었다. 하지만 점순은 아버지의 병을 낫게 하고 양식을 얻기 위해 어쩔 수 없이 박 주사 아들의 첩으로 가게 된다. 가족들은 점순의 선택을 말리지 못하고 서울댁도 점순의 행동을 지켜볼 뿐 다른 도리가 없다.

● **해방 전후** 작가 현은 일제의 시국 협력 압박을 피해 시골로 내려간다. 그 곳에서 김 직원을 알게 된다. 두 사람은 분신처럼 가깝게 지낸다. 전쟁이 끝나고 조선이 해방되었다는 이야기를 듣고 다시 서울로 돌아오지만 정세는 불안정하여 각 진영의 대립이 심하였다. 현을 찾아온 김 직원은 그의 잘못된 선택을 꾸짖고 현은 그런 김 직원의 말을 따르지 않는다. 두 사람은 의견 차이를 좁히지 못하고 헤어지게 된다.

● **달밤** 성북동으로 이사 온 주인공은 신문 배달을 하는 황수건이라는 사람을 만나게 된다. 우둔한 성격의 그는 정식 배달원을 꿈꾸는 보조 배달원이다. 늘 분주하게 찾아와서 말이 많던 황수건은 어느 날 보조 배달원 자리에서마저 쫓겨나고 늦은 밤 달만 쳐다보면서 서툰 노래를 부른다.

●**과도기** 창선은 간도로 이민 간 후 사 년 만에 고향으로 돌아온다. 그러나 그 곳은 이미 벽돌집과 공장이 들어서 있고 가족들은 고개 너머 구룡리로 옮겨 간 후다. 고향 사람들은 고기도 잡히지 않고 농사 지을 땅도 마땅치 않은 곳에서 모두 힘겹게 살아가고 있었다. 관청에 항의를 해 보지만 외면당한다. 창선의 기대는 깨어지고 그는 공장에 노동자로 들어간다. 상투를 자르고 부삽을 든 낯선 모습이다.

논술 가이드

〈민촌〉의 한 대목입니다. 제시문을 읽고 다음 문제에 답하시오.

[문항 1]

> "그 담에 이런 이야기를 하였단다. 참외를 어귀어귀 먹으면서 '나를 양반이라고 늬들이 돌려 내나 부다마는 양반도 역시 사람이란다. 하기는 같은 사람으로 누구는 양반이니 누구는 상놈이니 하고 또 누구는 잘살고 누구는 못사는 것이 발써 못생긴 인간이다. 그렇다면 너하고 나하고 같이 노는 것이 어떨 것 무엇 있니? 다 같은 사람인데 나는 너한테 창순아! 하고 불러 주는 소리를 들었으면 제일 좋겠다.' 구."
>
> (중략)
>
> "그래 나는 '당신도 우리네 상놈 같구려!' 하였더니, 그이는 '나는 상놈이 되고 싶다.' 하겠지. 내 원 어찌 우수운지!"

(1) 점순과 순영이 서울댁에 관해서 이야기한 부분입니다. 서울댁이 상놈이 되고 싶다고 말한 이유를 설명해 봅시다.

----

(2) 양반과 평민을 구분짓는 신분 제도에 대한 각자의 생각을 써 봅시다.

〈해방 전후〉의 두 대목입니다. 제시문을 읽고 다음 문제에 답하시오.
[문항 2]

김 직원은 그저 손이 부들부들 떨려 있었다. 조카 하나가 면서기로 다니는데 그의 매부, 즉 이분의 조카 사위 되는 청년이 일본으로 징용당해 가던 도중에 도망해 왔다. 몸을 피해 처가에 온 것을 이 곳 면장이 알고 그 처남더러 잡아 오라 했다. 이 기미를 안 매부 청년은 산으로 뛰어 올라갔다. 처남 청년은 경방단의 응원을 얻어 산을 에워싸고 토끼 잡듯 붙들어다 주재소로 넘기었다는 것이다.

현은 약간 우울했다. 현은 벌써 이런 경험이 한두 번째 아니기 때문이다. 해방 이전에는 막역한 지기여서 일조 유사한 때는 물을 것도 없이 동지일 것 같던 사람들이 해방 후, 특히 정치적 동향이 보수적인 것과 진보적인 것이 뚜렷이 갈리면서부터는, 말 한두 마디에 벌써 딴사람처럼 서로 경원이 생기고 그것이 대뜸 우정에까지 거리감을 자아내는 것을 이미 누차 맛보는 것이었다.

(1) 첫번째 글에서 여러분이 김 직원의 조카였다면 도망온 매부를 어떻게 대하였을지 각자의 생각을 써 봅시다.

----

(2) 두 번째 글에서 현이 우울해하는 이유는 무엇인지 설명해 봅시다.

첫번째 글은 〈달밤〉의 한 대목이고, 두 번째 글은 〈패강랭〉의 한 대목입니다. 제시문을 읽고 다음 문제에 답하시오.

[문항 3]

> '평생 소원이 무엇이냐?' 고 그에게 물어 보았다. 그는 '그까짓 것쯤 얼른 대답하기는 누워서 떡 먹기.' 라고 하면서 평생 소원은 자기도 원배달이 한번 되었으면 좋겠다는 것이었다.

> "본처나 되면 아무리 남편이 오입을 해두 늙으면 돌아오겠지 하구 자식 낙이나 보면서 살지 않아요? 기생야 그 사람 하나만 바라고 갔는데 남자가 안 들어와 봐요? 뭘 바라고 삽니까? 그리게 살림 들어갔다 오래 사는 기생이 몇 됩니까? 우리 기생은 제가 돈을 뫄서 돈 없는 사낼 얻는 게 제일이랍니다."

(1) 윗글은 우둔하지만 천진한 〈달밤〉의 황수건과 〈패강랭〉의 등장 인물인 기생 영월의 소원에 관한 내용입니다. 두 사람의 소원을 읽으면서 느꼈던 자신의 느낌을 자유롭게 적어 봅시다.

----

(2) 윗글은 각각 자신의 소원을 이야기하고 있습니다. 여러분도 각자의 소원을 한 가지씩 이야기해 봅시다.

〈과도기〉의 한 대목입니다. 제시문을 읽고 다음 문제에 답하시오.
[문항 4]

창선이도 마침내 공장으로 들어가기로 결심하고 감발을 치고 직공 시험을 치러 갔다. 직공 시험이라야 별것이 아니고 가만히 보려니깐 순전히 근력 다루기였다. 체대와 손발을 훑어보고 커다란 모래섬을 들려 보고 하더니 나중은 손바닥을 벌리라 하고 거기에 털솔 같은 데 잉크를 묻혀 가지고 탁 치니까 손바닥에 푸른 글자가 찍혀졌다.

가만히 들여다보려니까 그것은 분명 소우(牛)자였다. 사람에게 소우자가 무슨 일인가 하고 어리벙벙해 있으려니까 감독인지 십장인지 한 우둥퉁한 사나이가 해벌쭉이 이빨을 드러내 놓으며,

"좋다, 일등이다. 내일부터 오너라."

하고 턱질을 하였다.

그리하여 다음 날부터 창선이는 상투를 자르고, 감발 치고, 부삽 들고 콘크리트 반죽하는 생소한 사람이 되었다.

(1) 윗글에서 창선은 직공 시험이 끝난 후 손바닥에 푸른 도장을 받습니다. 소우(牛)자가 의미하는 것과 그것에 대한 생각을 서술해 봅시다.

(2) 창선은 상투를 자르고, 감발을 치고, 콘크리트 반죽을 하게 됩니다. 창선의 변화에 대한 생각을 서술하시오. 또, 만약 여러분이 창선의 입장이었다면 어떠한 선택을 했을지 이에 대해서 서술해 봅시다.

〈베스트 논술 한국대표문학〉(전60권) 목록

권별	작품	작가
1	무정 I	이광수
2	무정 II	이광수
3	무명 · 꿈 · 옥수수 · 할멈	이광수
4	감자 · 시골 황 서방 · 광화사 · 붉은 산 · 김연실전 외	김동인
5	발가락이 닮았다 · 왕부의 낙조 · 전제자 · 명문 외	김동인
6	배따라기 · 약한 자의 슬픔 · 광염 소나타 외	김동인
7	B사감과 러브레터 · 서투른 도적 · 술 권하는 사회 · 빈처 외	현진건
8	운수 좋은 날 · 까막잡기 · 연애의 청산 · 정조와 약가 외	현진건
9	벙어리 삼룡이 · 뽕 · 젊은이의 시절 · 행랑 자식 외	나도향
10	물레방아 · 꿈 · 계집 하인 · 별을 안거든 우지나 말 걸 외	나도향
11	상록수 I	심훈
12	상록수 II	심훈
13	탈춤 · 황공의 최후 / 적빈 · 꺼래이 · 혼명에서 외	심훈 / 백신애
14	태평 천하	채만식
15	레디메이드 인생 · 순공 있는 일요일 · 쑥국새 외	채만식
16	명일 · 미스터 방 · 민족의 죄인 · 병이 낫거든 외	채만식
17	동백꽃 · 산골 나그네 · 노다지 · 총각과 맹꽁이 외	김유정
18	금 따는 콩밭 · 봄봄 · 따라지 · 소낙비 · 만무방 외	김유정
19	백치 아다다 · 마부 · 병풍에 그린 닭이 · 신기루 외	계용묵
20	표본실의 청개구리 · 두 파산 · 이사 외 / 모범 경작생	염상섭 / 박영준
21	탈출기 · 홍염 · 고국 · 그믐밤 · 폭군 · 박돌의 죽음 외	최서해
22	메밀꽃 필 무렵 · 낙엽기 · 돈 · 석류 · 들 · 수탉 외	이효석
23	분녀 · 개살구 · 산 · 오리온과 능금 · 가을과 산양 외	이효석
24	무녀도 · 역마 · 까치 소리 · 화랑의 후예 · 등신불 외	김동리
25	하수도 공사 / 지맥 / 그 날의 햇빛은 · 갈가마귀 그 소리	박화성 / 최정희 / 손소희
26	지하촌 · 소금 · 원고료 이백 원 외 / 경희	강경애 / 나혜석
27	제3인간형 / 제일과 제일장 외 / 사랑 손님과 어머니 외	안수길 / 이무영 / 주요섭
28	날개 · 오감도 · 지주 회시 · 환시기 · 실화 · 권태 외	이상
29	봉별기 · 종생기 · 조춘점묘 · 지도의 암실 · 추등잡필	이상
30	화수분 외 / 김 강사와 T교수 · 창랑 정기 / 성황당	전영택 / 유진오 / 정비석

권별	작품	작가
31	민촌 / 해방 전후 · 달밤 외 / 과도기 · 강아지	이기영 / 이태준 / 한설야
32	소설가 구보씨의 일일 / 장삼이사 · 비오는 길 / 석공 조합 대표 / 낙동강 · 농촌 사람들 · 저기압	박태원 / 최명익 송영 / 조명희
33	모래톱 이야기 · 사하촌 외 / 갯마을 / 혈맥 / 전황당인보기	김정한 / 오영수 / 김영수 / 정한숙
34	바비도 외 / 요한 시집 / 젊은 느티나무 외 / 실비명 외	김성한 / 장용학 / 강신재 / 김이석
35	잉여 인간 / 불꽃 / 꺼삐딴 리 · 사수 / 연기된 재판	손창섭 / 선우휘 / 전광용 / 유주현
36	탈향 외 / 수난 이대 외 / 유예 / 오발탄 외 / 4월의 끝	이호철/ 하근찬/ 오상원/ 이범선/ 한수산
37	총독의 소리 / 유형의 땅 / 세례 요한의 돌	최인훈 / 조정래 / 정을병
38	어둠의 혼 / 개미귀신 / 무진 기행 · 서울 1964년 겨울 외	김원일 / 이외수 / 김승옥
39	뫼비우스의 띠 / 악령 / 식구 관촌 수필 / 기억 속의 들꽃 / 젊은 날의 초상	조세희 / 김주영 / 박범신 이문구 / 윤흥길 / 이문열
40	김소월 시집	김소월
41	윤동주 시집	윤동주
42	한용운 시집	한용운
43	한국 고전 시가와 수필	유리왕 외
44	한국 대표 수필선	김진섭 외
45	한국 대표 시조선	이규보 외
46	한국 대표 시선	최남선 외
47	혈의 누 · 모란봉	이인직
48	귀의 성	이인직
49	금수 회의록 · 공진회 / 추월색	안국선 / 최찬식
50	자유종 · 구마검 / 애국부인전 /·꿈하늘	이해조 / 장지연 / 신채호
51	삼국유사	일연
52	금오신화 / 홍길동전 / 임진록	김시습 / 허균 / 작자 미상
53	인현왕후전 / 계축일기	작자 미상
54	난중일기	이순신
55	흥부전 / 장화홍련전 / 토끼전 / 배비장전	작자 미상
56	춘향전 / 심청전 / 박씨전	작자 미상
57	구운몽 · 사씨 남정기	김만중
58	한중록	혜경궁 홍씨
59	열하일기	박지원
60	목민심서	정약용

〈베스트 논술 한국대표문학〉에 실린 소설과 교과서 대조표

* 〈베스트 논술 한국대표문학〉에 실린 소설과 현행 국어 · 문학 18종 교과서의 수록 내용을 비교 · 분석하였다.

● 초등 학교 교과서(국어)

금오신화, 구운몽, 심청전,
흥부전, 토끼전, 박씨전,
장화홍련전, 홍길동전

● 국정 교과서

작품	작가	교과목
고향	현진건	고등 학교 문법
동백꽃	김유정	중학교 국어 2-1, 중학교 국어 3-1
벙어리 삼룡이	나도향	중학교 국어 1-1
봄봄	김유정	고등 학교 국어(상)
사랑 손님과 어머니	주요섭	중학교 국어 2-1
오발탄	이범선	중학교 국어 3-1
운수 좋은 날	현진건	중학교 국어 3-1

● 고등 학교 문학 교과서

작품	작품	출판사
감자	김동인	교학, 지학, 디딤돌, 상문
갯마을	오영수	문원, 형설
고향	현진건	두산, 지학, 청문, 중앙, 교학, 문원, 민중, 블랙, 디딤돌
관촌 수필	이문구	지학, 문원, 블랙
광염 소나타	김동인	천재, 태성

금 따는 콩밭	김유정	중앙
금수회의록	안국선	지학, 문원, 블랙, 교학, 대한, 태성, 청문, 디딤돌
김 강사와 T교수	유진오	중앙
까마귀	이태준	민중
꺼삐딴 리	전광용	지학, 중앙, 두산, 블랙, 디딤돌, 천재, 케이스
날개	이상	문원, 교학, 중앙, 민중, 천재, 형설, 청문, 태성, 케이스
논 이야기	채만식	두산, 상문, 중앙, 교학
닳아지는 살들	이호철	천재, 청문
동백꽃	김유정	금성, 두산, 블랙, 교학, 상문, 중앙, 지학, 태성, 형설, 디딤돌, 케이스
두 파산	염상섭	문원, 상문, 천재, 교학
등신불	김동리	중앙, 두산
만무방	김유정	민중, 천재, 두산
메밀꽃 필 무렵	이효석	금성, 상문, 중앙, 교학, 문원, 민중, 블랙, 디딤돌, 지학, 청문, 천재, 케이스
모래톱 이야기	김정한	디딤돌, 교학, 문원
모범경작생	박영준	중앙
뫼비우스의 띠	조세희	두산, 블랙
무녀도	김동리	천재, 지학, 청문, 금성, 문원, 민중, 케이스

작품	작가	출판사
무정	이광수	디딤돌, 금성, 두산, 교학, 한교
무진기행	김승옥	두산, 천재, 태성, 교학, 문원, 민중, 케이스
바비도	김성한	민중, 상문
배따라기	김동인	상문, 형설, 중앙
벙어리 삼룡이	나도향	민중
복덕방	이태준	블랙, 교학
봄봄	김유정	디딤돌, 문원
붉은 산	김동인	중앙
B사감과 러브레터	현진건	교학
사랑 손님과 어머니	주요섭	중앙, 디딤돌, 민중, 상문
사수	전광용	두산
사하촌	김정한	중앙, 문원, 민중
산	이효석	문원, 형설
서울, 1964년 겨울	김승옥	문원, 블랙, 천재, 교학, 지학, 중앙
성황당	정비석	형설
소설가 구보씨의 일일	박태원	중앙, 천재, 교학, 대한, 형설, 문원, 민중
수난 이대	하근찬	교학, 지학, 중앙, 문원, 민중, 디딤돌, 케이스
애국부인전	장지연	지학, 한교
어둠의 혼	김원일	천재
역마	김동리	교학, 두산, 천재, 태성, 형설, 상문, 디딤돌

역사	김승옥	중앙
오발탄	이범선	교학, 중앙, 금성, 두산
요한 시집	장용학	교학
운수 좋은 날	현진건	금성, 문원, 천재, 지학, 민중, 두산, 디딤돌, 케이스
유예	오상원	블랙, 천재, 중앙, 교학, 디딤돌, 민중
자유종	이해조	지학, 한교
장삼이사	최명익	천재
전황당인보기	정한숙	중앙
젊은 날의 초상	이문열	지학
젊은 느티나무	강신재	블랙, 중앙, 문원, 상문
제일과 제일장	이무영	중앙
치숙	채만식	문원, 청문, 중앙, 민중, 상문, 케이스
탈출기	최서해	형설, 두산, 민중
탈향	이호철	케이스
태평 천하	채만식	지학, 금성, 블랙, 교학, 형설, 태성, 디딤돌
표본실의 청개구리	염상섭	금성
학마을 사람들	이범선	민중
할머니의 죽음	현진건	중앙
해방 전후	이태준	천재
혈의 누	이인직	천재, 금성, 민중, 교학, 태성, 청문
홍염	최서해	상문, 지학, 금성, 두산, 케이스
화수분	전영택	태성, 중앙, 디딤돌, 블랙

〈베스트 논술 한국대표문학〉에 실린 시와 교과서 대조표

* 〈베스트 논술 한국대표문학〉에 실린 시와 현행 국어 · 문학 18종 교과서의 수록 내용을 비교 · 분석하였다.

작품	작가	출판사
가는 길	김소월	지학, 블랙, 민중
가을의 기도	김현승	블랙
겨울 바다	김남조	지학
고향	백석	형설
국경의 밤	김동환	지학, 천재, 금성, 블랙, 태성
국화 옆에서	서정주	민중
귀천	천상병	지학, 디딤돌
귀촉도	서정주	지학
그 날이 오면	심훈	지학, 블랙, 교학, 중앙
그대들 돌아오시니	정지용	두산
그 먼 나라를 알으십니까	신석정	교학, 대한
껍데기는 가라	신동엽	지학, 천재, 금성, 블랙, 교학, 한교, 상문, 형설, 청문
꽃	김춘수	금성, 문원, 교학, 중앙, 형설
끝없는 강물이 흐르네	김영랑	디딤, 교학
나그네	박목월	천재, 블랙, 중앙, 한교
나룻배와 행인	한용운	문원, 블랙, 대한, 형설
남신의주 유동 박시봉방	백석	지학, 두산, 상문

작품	작가	출판사
남으로 창을 내겠소	김상용	지학, 한교, 상문
내 마음은	김동명	중앙, 상문
내 마음을 아실 이	김영랑	한교
농무	신경림	지학, 디딤, 금성, 블랙, 교학, 형설, 청문
누가 하늘을 보았다 하는가	신동엽	두산
눈길	고은	문원
님의 침묵	한용운	지학, 천재, 두산, 교학, 민중, 한교, 태성, 디딤돌
떠나가는 배	박용철	지학, 한교
머슴 대길이	고은	디딤돌, 천재
먼 후일	김소월	청문
모란이 피기까지는	김영랑	지학, 천재, 금성, 형설
목계 장터	신경림	문원, 한교, 청문
목마와 숙녀	박인환	민중
바다와 나비	김기림	금성, 블랙, 한교, 대한, 형설
바위	유치환	금성, 문원, 중앙, 한교
별 헤는 밤	윤동주	문원, 민중
봄은 간다	김억	한교, 교학
봄은 고양이로다	이장희	블랙

작품	작가	출판사
불놀이	주요한	금성, 형설
빼앗긴 들에도 봄은 오는가	이상화	지학, 천재, 문원, 블랙, 디딤돌, 중앙
산 너머 남촌에는	김동환	천재, 블랙, 민중
산유화	김소월	두산, 민중
살아 있는 것이 있다면	박인환	대한, 교학
살아 있는 날은	이해인	교학
생명의 서	유치환	한교, 대한
샤갈의 마을에 내리는 눈	김춘수	지학, 블랙, 태성
서시	윤동주	디딤돌, 민중
설일	김남조	교학
성묘	고은	교학
성북동 비둘기	김광섭	지학
쉽게 씌어진 시	윤동주	지학, 디딤돌, 중앙
승무	조지훈	지학, 디딤돌, 금성
알 수 없어요	한용운	중앙, 대한
어서 너는 오너라	박두진	디딤돌, 금성, 한교, 교학
오감도	이상	디딤돌, 대한
와사등	김광균	민중
우리가 물이 되어	강은교	지학, 문원, 교학, 형설, 청문, 디딤돌
우리 오빠의 화로	임화	디딤돌, 대한
울음이 타는 가을 강	박재삼	지학, 교학
자수	허영자	교학

작품	작가	출판사
자화상	노천명	민중
절정	이육사	지학, 천재, 금성, 두산, 문원, 블랙, 교학, 태성, 청문, 디딤돌
접동새	김소월	교학, 한교
조그만 사랑 노래	황동규	문원, 중앙
즐거운 편지	황동규	지학, 형설, 청문
진달래꽃	김소월	천재, 태성
청노루	박목월	지학, 문원, 상문
초토의 시 8	구상	지학, 천재, 두산, 상문, 태성
초혼	김소월	디딤돌, 금성, 문원
타는 목마름으로	김지하	디딤돌, 금성, 문원, 민중
풀	김수영	지학, 금성, 민중, 한교, 태성
프란츠 카프카	오규원	천재, 태성
피아노	전봉건	태성
해	박두진	두산, 블랙, 민중, 형설
해에게서 소년에게	최남선	지학, 천재, 금성, 두산, 문원, 민중, 한교, 대한, 형설, 태성, 청문, 디딤돌
향수	정지용	지학, 문원, 블랙, 교학, 한교, 상문, 청문, 디딤돌

〈베스트 논술 한국대표문학〉에 실린 시조와 교과서 대조표

* 〈베스트 논술 한국대표문학〉에 실린 시조와 현행 국어 · 문학 18종 교과서의 수록 내용을 비교 · 분석하였다.

작품	작가	출판사
가노라 삼각산아	김상헌	교학, 형설
가마귀 눈비 맞아	백팽년	교학
가마귀 싸우는 골에	정몽주 어머니	교학
강호 사시가	맹사성	디딤돌, 두산, 교학
고산구곡	이이	한교
공명을 즐겨 마라	김삼현	지학
구름이 무심탄 말이	이존오	천재
국화야 너난 어이	이정보	블랙
녹초 청강상에	서익	지학
농암가	이현보	민중
뉘라서 가마귀를	박효관	교학
님 그린 상사몽이	박효관	천재
대추볼 붉은 골에	황희	중앙
도산 십이곡	이황	디딤돌, 블랙, 민중, 형설, 태성
동짓달 기나긴 밤을	황진이	지학, 천재, 금성, 두산, 문원, 교학, 상문, 대한
마음이 어린후니	서경덕	지학, 금성, 블랙, 한교
말없는 청산이요	성혼	지학, 천재
방안에 혔는 촉불	이개	천재, 금성, 교학
백구야 말 물어보자	김천택	지학
백설이 자자진 골에	이색	지학
삭풍은 나무끝에	김종서	중앙, 형설
산촌에 눈이 오니	신흠	지학

작품	작가	출판사
삼동에 베옷 닙고	조식	지학, 형설
산인교 나린 물이	정도전	천재
수양산 바라보며	성삼문	천재, 교학
십년을 경영하여	송순	지학, 금성, 블랙, 중앙, 한교, 상문, 대한, 형설
어리고 성긴 매화	안민영	형설
어부사시사	윤선도	금성, 문원, 민중, 상문, 대한, 형설, 청문
오리의 짧은 다리	김구	청문
오백년 도읍지를	길재	블랙, 청문
오우가	윤선도	형설
이몸이 죽어가서	성삼문	지학, 두산, 민중, 대한, 형설
이시렴 부디 갈다	성종	지학
이화에 월백하고	이조년	디딤돌, 천재, 두산
이화우 흣뿌릴 제	계랑	한교
재너머 성권농 집에	정철	천재, 형설
천만리 머나먼 길에	왕방연	문원, 블랙
청산리 벽계수야	황진이	지학
추강에 밤이 드니	월산대군	천재, 금성, 민중
춘산에 눈녹인 바람	우탁	디딤돌
풍상이 섞어 친 날에	송순	지학, 청문
한손에 막대 잡고	우탁	금성
훈민가	정철	지학, 금성
흥망이 유수하니	원천석	천재, 중앙, 한교, 디딤돌, 대한

〈베스트 논술 한국대표문학〉에 실린 수필과 교과서 대조표

* 〈베스트 논술 한국대표문학〉에 실린 수필과 현행 국어 · 문학 18종 교과서의 수록 내용을 비교 · 분석하였다.

작품	작가	출판사
가난한 날의 행복	김소운	천재
가람 일기	이병기	지학
구두	계용묵	디딤돌, 문원, 상문, 대한
그믐달	나도향	블랙, 태성
꼴찌에게 보내는 갈채	박완서	태성
나무	이양하	상문
나무의 위의	이양하	문원, 태성
낭객의 신년 만필	신채호	두산, 블랙, 한교
딸깍발이	이희승	지학, 디딤돌, 청문
멋없는 세상 멋있는 사람	김태길	중앙
무궁화	이양하	디딤돌
백설부	김진섭	지학, 천재, 형설, 태성, 청문
생활인의 철학	김진섭	지학, 태성
수필	피천득	지학, 천재, 한교, 태성, 청문
수학이 모르는 지혜	김형석	청문
슬픔에 관하여	유달영	문원, 중앙
웃음설	양주동	교학, 태성
은전 한 닢	피천득	금성, 대한
이야기	피천득	지학, 청문
인생의 묘미	김소운	지학
지조론	조지훈	블랙, 한교
청춘 예찬	민태원	금성, 블랙
특급품	김소운	교학
폭포와 분수	이어령	지학, 블랙
피딴 문답	김소운	디딤돌, 금성, 한교
행복의 메타포	안병욱	교학
헐려 짓는 광화문	설의식	두산

베스트 논술 한국대표문학 ㉛

민촌 · 과도기 외

지은이 이기영 / 이태준 / 한설야
펴낸이 류성관
펴낸곳 SR&B(새로본닷컴)
주 소 서울특별시 마포구 망원동 463-2번지
전 화 02)333-5413
팩 스 02)333-5418
등 록 제10-2307호
인 쇄 만리 인쇄사